Taliman Sluga

Das österreichische LAMM KOCHBUCH

VERLAG ANTON PUSTET

Taliman Sluga

Das österreichische Lamm-Kochbuch

VERLAG ANTON PUSTET

Taliman Sluga

Das österreichische LAMM KOCHBUCH

VERLAG ANTON PUSTET

Impressum

Bibliografische Information der Deutschen Nationalbibliothek
Die Deutsche Nationalbibliothek verzeichnet diese Publikation in der Deutschen Nationalbibliografie; detaillierte bibliografische Daten sind im Internet über http://dnb.d-nb.de abrufbar.

5020 Salzburg, Bergstraße 12

Grafik, Satz und Produktion: Tanja Kühnel
Lektorat: Markus Weiglein
Druck: Těšínská tiskárna, Tschechien
Gedruckt in der EU

ISBN 978-3-7025-1006-0

www.pustet.at

Inhalt

Vorwort

Auf einer längeren Reise vor einigen Jahren durch Nordengland und Schottland hatte ich drei kulinarische Erlebnisse. Eines war ein köstliches Lammgericht aus fein faschierten Innereien, im Schafsmagen gegart. Alle hatten mich vor dem schottischen Nationalgericht Haggis gewarnt, es schmeckte wohlgewürzt jedoch hervorragend. Das zweite Gaumenerlebnis durfte ich kurze Zeit später auf einem Campingplatz in Inverness auskosten, wo ich Lammchops ergattern konnte und diese ganz einfach auf unserem Gasherd zubereitete. Dieser zarte, ganz und gar spezielle Geschmack mit den Kräutern und das appetitliche Aussehen entlockten selbst den Vorbeigehenden ein „looks lovely". (Die dritte kulinarische Überraschung war übrigens eine Speise mit Meeresfisch mitten in den Highlands.)

Das waren meine Lamm-Initiationsgerichte, nachdem ich zwar bereits im seinerzeitigen Jugoslawien und Griechenland Lamm gegessen hatte, allerdings ohne ein wirkliches kulinarisches

Aha-Erlebnis. Wieder zu Hause angekommen, dachte ich mir: Warum in die Ferne schweifen? Und siehe da, ich wurde fündig. Ganz in der Nähe boten sich mir mehrere Möglichkeiten, heimische Lammfleisch- und Schafmilchprodukte einzukaufen. Nur kurze Zeit später waren dann auch schon die ersten Lammrezepte geboren. Nun bin ich ja für meine Steiermark- bzw. Österreichaffinität bekannt, weshalb ich bei den Beilagen und Zutaten ebenfalls zu heimischen Produkten greife.

Wie immer hat mir meine Frau Christine intensiv unter die Kochlöffel gegriffen. Dafür sei ihr hier auch öffentlich Dank gesagt.

Ihnen, liebe Leserinnen und Leser, liebe kulinarisch Interessierte, wünsche ich genüssliche Stunden beim Kennenlernen der uralten und doch so modernen Lammküche, beim Lesen, Nachkochen und Speisen.

Taliman E. Sluga

Einleitung
Der Trend zum Schaf

Im kulinarischen Bereich sind schon seit geraumer Zeit einige interessante Trends zu beobachten. Erstens besinnt man sich darauf, dass Ernährung auch immer etwas mit Gesundheit zu tun hat. Ein Umstand und eine Tatsache, die auch unsere Altvorderen so gesehen haben. Als Beleg dafür sei hier nur auf den Titel des ersten in Österreich gedruckten Kochbuchs aus dem Jahr 1686 verwiesen: *Ein Koch= und Artzney=Buch.* Zweitens gibt es einen wachsenden Hang zu traditionellen Gerichten, natürlich adaptiert auf unsere aktuellen Geschmacksgewohnheiten. Und drittens bevorzugen Gourmets immer stärker regionale Produkte, um Gewissheit über Qualität, Frische und Herkunft zu haben.

Nun gibt es ein Lebensmittel, das all diesen Trends voll entspricht. Es steht schon seit Jahrtausenden auf unserem Speiseplan, ist äußerst gesund und durch die Nachvollziehbarkeit der regionalen Herkunft auch ein qualitäts- und geschmackvolles Produkt. Die Rede ist von Schaf- und Lammfleisch und von Schafmilchprodukten.

Das Schaf zählt seit rund 10 000 Jahren zu den nachweislich ältesten Haustieren der Menschheit, und das nicht zuletzt wegen des universellen Nutzens als Woll-, Milch- und Fleischlieferant. Ausführliche Berichte über das Essen von Lamm- und Schaffleisch sind bereits im Alten Testament zu lesen. Und auch in antiken

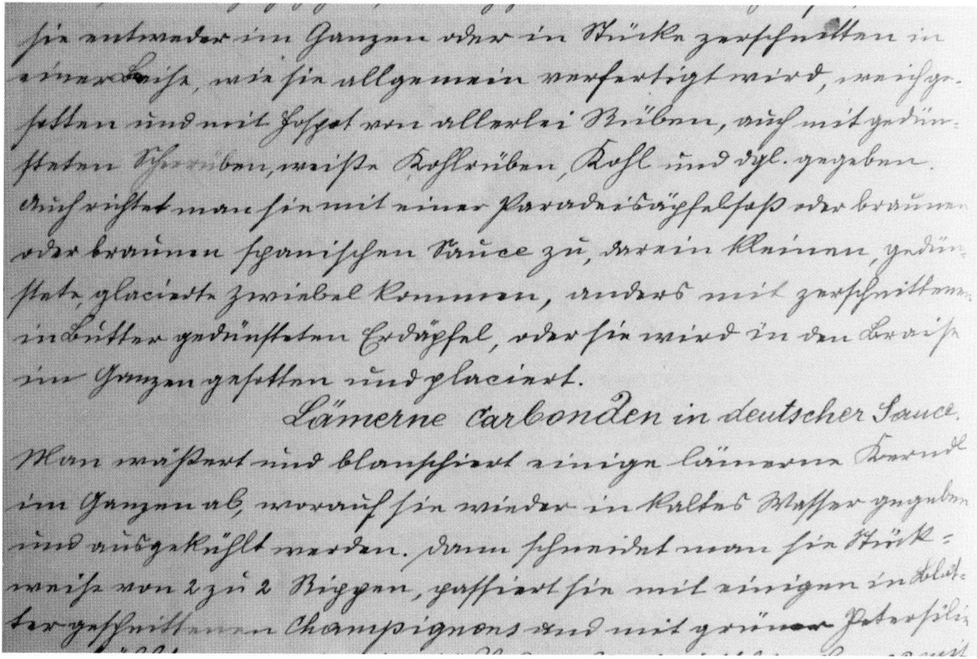

sie entweder im Ganzen oder in Stücke zerschnitten in
einer Weise, wie sie allgemein verfertigt wird, weich ge-
sotten und mit [illegible] von allerlei Rüben, auch mit gedün-
steten [illegible], weiße Kohlrüben, Kohl und dgl. gegeben.
Auch richtet man sie mit einer Paradeisäpfelsoß oder braune
oder braunen spanischen Sauce zu, [illegible] kleinen, gedün-
stete, glacierte Zwiebel [illegible], anders mit zerschnittenen
in Butter gedünsteten Erdäpfel, oder sie wird in der Weise
im Ganzen gesotten und glaciert.

Lämerne Carbonaden in deutscher Sauce.

Man wässert und blanchiert einige lämmerne [illegible]
im Ganzen ab, worauf sie wieder in kaltes Wasser gegeben
und ausgekühlt werden. dann schneidet man sie stück-
weise von 2 zu 2 Rippen, [illegible] sie mit einigen in blät-
ter geschnittenen Champignons und mit grüner Petersilie

Rezeptausschnitt für Lammkarbonaden (Lammkoteletts) aus dem Kochbuch des Groggerhofes in Obdach, Steiermark, um 1900.

Schriften, in landwirtschaftlichen Texten und Alltagsschilderungen wird auf das Schaf Bezug genommen.

Von Anbeginn finden sich entsprechende Rezepte in allen bekannten Kochbüchern bis herauf in unsere Tage. Die Älteren unter uns kennen Schaf- und Hammelfleisch vielleicht noch aus kargen Zeiten, als man die „Hammel" nicht gerade im optimalen Alter schlachtete. Ein negativer Beigeschmack war dann im wahrsten Sinne des Wortes der Fall, das Fleisch blieb für viele in schlechter Erinnerung. Aber diese Zeiten sind zumindest hierzulande schon lange vorbei. Mittlerweile ist Lammfleisch eine anerkannte Delikatesse.

Schon vor zwei, drei Jahrzehnten erkannten findige Schafbauern diesen Trend und begannen Lamm- und Schafmilchprodukte zu vermarkten. Der jeweiligen Region und Qualität verpflichtet, liefern sie mittlerweile alles rund ums Schaf an die immer größer werdende Zahl der eingeschworenen Kundengemeinde. Allein die zahlreichen Genussregionen für Lammfleisch und Schafmilchprodukte in Österreich zeugen davon: Weizer Bergland, Ennstal, Tennengau, Mölltal, Osttirol – um nur einige wenige zu nennen.

Die naturnahe Haltung der heimischen Schafrassen bringt nicht nur Vorteile für die Landschaft, sondern schlägt sich auch in der gesunden und geschmackvollen Qualität der Produkte nieder. Abgesehen von den diätetisch positiven Eigenschaften der Inhaltsstoffe soll noch ein weiteres Detail die gesunde Seite des Lamms unterstreichen: Noch nie wurde bei einem Schaf eine Krebserkrankung festgestellt, was auf die in diesem Tier in Leber, Milz und Herz stark konzentrierte Orotsäure zurückführen ist. Indirekt profitiert auch der Mensch davon, der die krebshemmende Säure beim Verzehr ebenso zu sich nimmt.
Ganz nebenbei sei erwähnt, dass die Schafmilch einen Segen für Menschen darstellt, die an Laktoseintoleranz leiden. Die vollen Aromen der Schafmilchprodukte sprechen kulinarisch ohnehin hundertprozentig für sich.

Die geschmacklichen Vorzüge treffen auch auf das zart-würzige Fleisch des Tieres zu. Die einzelnen Teile des Lammfleischs haben ein großartiges Potenzial für die unterschiedlichsten Fleischspeisen, Innereien eingeschlossen. Und dabei kristallisiert sich eine Hauptbeilage heraus, nämlich Erdäpfel. Hier kann man glücklicherweise wieder auf hervorragende regionale Qualität zurückgreifen, nicht nur aus dem Waldviertel, Lungau oder Sauwald, sondern auch aus dem Gebiet Murboden nahe Judenburg.

So alt und doch so modern – Eine kurze Geschichte des Haustiers Schaf

Das neben der Ziege wohl am längsten domestizierte Tier ist das Schaf, ursprünglich ein Nachfahre des Mufflons, worunter man verschiedene Arten des Wildschafs versteht. Erste Belege dafür finden sich aus der Zeit um 10 000 v. Chr. in der Wüstengegend um Karakum (Turkmenistan), in der protoneolithischen Siedlung Zawi Chemi Shanidar (Irak) sowie in der Dobrudscha im rumänisch-bulgarischen Grenzgebiet. Durch den ausgeprägten Grünfutterbedarf waren die ersten Schafhirten gezwungen, ständig weiterzuziehen und verbreiteten so die Kenntnisse der Schafhaltung vom Osten immer mehr in den Westen.

In Europa etablierte sich die Schafzucht vor rund 4 000 Jahren. Bereits in den ersten schriftlichen Aufzeichnungen gibt es Hinweise auf das Schaf, wobei das Lamm auch hier seit jeher als ein Symbol der Friedfertigkeit, der Widder als ein Symbol für Fruchtbarkeit und Gesundheit galt. Auch im Alten Testament sind zahlreiche Lammgerichte erwähnt. Aus der Antike sind überhaupt zahlreiche Belege für die Verarbeitung von Lammfleisch überliefert. Die Römer aßen im Kernland ihres Imperiums keinen Kuhmilchkäse, sondern nur Schafs- und Ziegenkäse – bis heute ist der Mittelmeerraum eine Domäne des Schafskäses.

In einem Werk aus dem 13. Jahrhundert berichtet Muhammad bin Hasan al-Baghdadi, Verfasser eines sehr alten arabischen Kochbuches, von einem komplizierten Eintopfgericht aus Schaffleisch. Die orientalische Küche war stark von der Verwendung von Gewürzen aus China und Indien geprägt, weniger durch den Einfluss des Römischen Weltreiches, das in der Fleischküche mehr Honig und Weinpräparationen den Vorzug gab. Die arabische Küche, die viel von der persischen Tradition übernahm, fügte wie diese zuweilen verschiedene Nüsse, vor allem

502 Koch-Buch.

178. Gefüllte lamm-brüſtlein.

Nimm lamm-brüſtlein, ſo viel du wilſt, nimm gequellten zeller oder ſellerie, mache ein eingerührtes von drey oder vier eyern mit friſcher butter, marcks, grüne kräuter, eingeweichte ſem̃el-ſchmollen, hacke dieſes alles durcheinander mit einem paar friſchen eyer-dottern, gewürtz es lind, füll die brüſte damit, ſetze es zu, und ſiede es weich, ſchütte macronen darüber, die in einer rindfleiſch-ſuppe gequellt ſeyn, gibs mit zerriebenen parmeſan-käß beſträuet.

170. Ein gutes lämmernes dampff-brätlein.

Man ſoll ein hübſches ſtück lamm-fleiſch nehmen, daſſelbe auf den roſt abbräunen, zuvor mit ſaltz beſprengen, darnach in ein töpflein thun, und darzu viel äpffel-ſpältlein von einem ſäuerlichen apffel, ſie ſeyn grün oder dürr, und eine geriebene ſem̃el im ſchmaltz röſten, daran gieſſen ein wenig fleiſch-ſuppe, pfeffer, ingber und muſcaten-bluthe darzu thun, fein zugedeckt, auf einem kohlfeuer ſtehen und dämpffen laſſen.

Rezepte aus dem *Freywillig auffgesprungenen Granatapffel des Christlichen Samariters* (1697).

Mandeln, hinzu; ebenso waren Datteln von Anbeginn eine wichtige Zutat. Als Fett wurde der ausgelassene Fettschwanz der Schafe verwendet.

Ab dem frühen Mittelalter erkannte man auch in Europa die vielseitige Wirtschaftlichkeit des Schafes, das nicht nur fruchtbarer und genügsamer in der Haltung war als das Rind, sondern alle Milchprodukte, insbesondere Käse, lieferte. Es gab große Herden in Spanien, in Italien oder England, wo die Schafe die Bevölkerungszahl sogar bald um ein Vielfaches übertreffen sollten. Am heutigen österreichischen Staatsgebiet waren im Mittelalter Lamm- und Hammelgerichte bereits häufig vertreten. In einem Reisebericht aus dem 15. Jahrhundert spricht der Sekretär des Patriarchen von Aquileia, Paolo Antonio Santonino, von „Lämmernem" am Spieß, von Lammrücken und von „Schöpsenfleisch" in Suppe. Berichte über Schafgerichte häufen sich im Laufe der Frühen Neuzeit: Im 1697 in Graz erschienenen Kochbuch *Freywillig auffgesprungener Granatapffel des Christlichen Samariters* der Eleonora von Liechtenstein, später von Eggenberg, finden sich Hinweise „Die jungen schaaf-mäglein zu kochen" und auch Rezepte wie „Ein gutes lämmernes dampff=brätlein" oder „Gefüllte lamm=brüstlein". In Admont wird in den Urbarien aus dem Jahre 1713 vermerkt, dass die Bauern des Ennstales „Kuchlfrischlinge", „Schaffrischlinge" oder „Dienstlamm" an die Stiftsküche als Zinsgabe darzubringen hatten.

1730 wurden bei der Leopoldi-Festtafel von Kaiser Karl VI. unter anderem 395 Pfund „Castrauner", also verschnittene Hammel, und 330 Pfund „Lembernes", also Lämmernes, sowie 36 „Lammfüß" verkocht. Wie aus den Quellen hervorgeht, wurden in Graz im Jahr 1790 ganze 5900 Hammel und 28000 Lämmer verspeist. 1804 macht das *Grätzerische Kochbuch* dann auch schon ein steirisches Lammgericht der internationalen Gastronomie bekannt, nämlich das „Steirische Schöpserne“ – das Wort „Schöpsernes“ kommt übrigens aus dem Tschechischen, es wird abgeleitet von „skopec“ (Hammel). Anna Dorn warnt in ihrem 1827 erschienenen *Neuesten Universal- oder Großen Wiener Kochbuch* davor, das Hammelfett mit „säuerlichen Dingen wie Rosinen, Citronenscheiben, sauren Gurken, Kapern usw. zur Erhöhung des Geschmacks“ zu verwenden, da etwa Magendrücken die Folge sein könnte. Diese „Gefahr“ war Napoleon offenbar unbekannt gewesen: Denn kurz vor der Völkerschlacht bei Leipzig hatte er noch an drei hintereinander folgenden Tagen Lammkeule gegessen, die ihm ganz vorzüglich schmeckte. Das war wohl zu viel des Guten, denn eine üble Magenverstimmung war die Folge, was ihm die nötige Konzentration für die Schlacht geraubt haben soll, die dann auch ihren, aus französischer Sicht, negativen Verlauf nahm. An der Vorliebe seiner Landsleute zum Lamm hat dieses Ereignis aber nichts geändert. Derweil galt Hammel- und Schaffleisch lange als das Fleisch der armen Leute und genoss, da meist von viel zu alten Tieren verkocht, kein sonderliches Ansehen. Im Gasthof „Zum Kaiser von Österreich“ in Leoben kostete am 1. April – und das ist kein Scherz – 1837 eine ganze Portion Lammbraten lediglich 20 Kreuzer. Ende des 19. Jahrhunderts erklärte August Mauer in seinem *Illustrierten Wiener Kochbuch* die Popularität von Hammel- und Lammfleisch damit, dass „man so ziemlich aus allen seinen Teilen geschmackvolle Gerichte – ja, sogar Delicatessen in der Lage zu bereiten ist.“ Allerdings war das Lamm- und Hammelfleisch dazumal auf die Bergbauerngebiete beschränkt.

Erst in jüngster Zeit hat das Schaf wieder an Stellenwert in der Küche gewonnen. Nachdem, wie gezeigt wurde, schon die frühen Kulturen vor allem das sehr junge Fleisch dieses Tieres geschätzt haben, genießt Lammfleisch heute wieder ein neues Ansehen.

Wissenswertes

Die gängigen heimischen Schafrassen

Von den vielen hundert Schafrassen auf der Welt werden hierzulande ungefähr zehn gehalten. Dabei stellt die Gruppe der Bergschafrassen, wozu etwa das Tiroler Bergschaf oder das Tiroler Steinschaf zählen, die größte Zahl an Tieren. Die Bergschafe sind besonders robust, optimal an die Lebensbedingungen im alpinen Raum angepasst und haben einen hohen Stellenwert für die Erhaltung wertvoller Grünlandflächen und für die Lammfleischproduktion. Eine weitere wesentliche Gruppe umfasst jene der Milchschafe, die sich, wie der Name schon sagt, durch eine hohe Milchleistung auszeichnen und daher besonders attraktiv für die heimische Milchproduktion sind. Neben den Berg- und Milchschafen bilden schließlich die Landschafe den größten Bestand. Darunter versteht man eine besonders heterogene Gruppe – der wohl

bekannteste Vertreter ist das Merino, das sich durch eine sehr gute Fruchtbarkeit und Fleischleistung auszeichnet.
Diese gängigsten heimischen Schafrassen werden häufig mit Fleischrassen wie Schwarzkopf, Suffolk und Texel gekreuzt. In Österreich gibt es rund 16 000 Schafhalter mit insgesamt ungefähr 400 000 Schafen (und ca. 90 000 Ziegen bei ca. 10 000 Haltern, Stand 2019). Die Zahlen verweisen bereits auf eine eher kleinstrukturierte Schafhaltung mit durchschnittlich 25 Schafen je Betrieb. Gut zwei Drittel der Schaf- wie auch Ziegenbetriebe sind schließlich Bergbauernbetriebe.
Der Schwerpunkt der Schafzucht in Österreich findet sich in den westlichen und südlichen Bundesländern sowie in Niederösterreich, wo meistens Milchschafe gehalten werden.

Haltung und Fleischqualität

Den Großteil des Jahres verbringen die Schafe und Lämmer auf den Weiden und Almen. In der kalten Jahreszeit leben sie in Laufställen mit Strohlagen. Das Futter besteht damit zunächst aus der Muttermilch, dann aus saftigen Gräsern und Kräutern und wird im Winter durch Heu und Getreide ergänzt. Diese artgerechte, naturnahe und stressfreie Haltung garantiert letztlich die gute Fleisch- und Milchqualität, die von den heimischen Betrieben regelmäßig geprüft wird.

Milchlämmer haben ein Schlachtalter von 5 bis 8 Wochen und ein Schlachtkörpergewicht (küchenfertig) von 6 bis 10 kg. Das Fleisch ist hellrosa und so zart, dass sich alle Teile zum (kurzen) Braten eignen. Sie werden ganzjährig angeboten, besonders aber zu Ostern, zur Grillzeit und zu Weihnachten.
Lammfleisch kommt von Tieren im optimalen Schlachtalter von 3 bis 6 Monaten bei einem Schlachtkörpergewicht von 16 bis 24 kg. Wieder ist das Fleisch hellrosa und nunmehr mit einer kleinen, weißen Fettschicht überzogen, zart und feinfasrig.
Als Hammelfleisch wird das Fleisch von kastrierten Schafsböcken im Alter von ca. 8 Monaten bis zu 2 Jahren bezeichnet, mitunter auch das Fleisch von älteren weiblichen Schafen. Schöpsenfleisch (Kastraunenes) meint im süddeutschen Raum hingegen das Fleisch von kastrierten männlichen Schafen.
Unter Schaffleisch selbst ist im eigentlichen Sinne nur das Fleisch von älteren Schafen und Böcken zu verstehen. Heutzutage wird bei uns das Fleisch älterer Tiere allerdings kaum mehr gegessen, bedingt durch den charakteristisch intensiven Geschmack. Dieser kann aber durch geeignete Behandlung – z.B. durch Marinieren mit Essig oder Sauermilch und stärkeres Würzen – abgeschwächt werden. Schöpsenfleisch und Hammelfleisch findet vor allem unter unseren muslimischen Mitbürger*innen ihre Liebhaber.

Aufgrund der naturnahen Haltung besitzt Lammfleisch seine unverkennbaren zartwürzigen Aromen und wird als bedeutend gesünder als andere Fleischsorten angesehen. Es ist ein schmackhaftes Fleisch und dazu äußerst bekömmlich durch ein ausgewogenes Verhältnis von Wasser (75 %), Eiweiß (20 %), Fett (4 %),

Vitaminen (vor allem der A- und B-Gruppe) sowie Mineralstoffen und Spurenelementen (zusammen ca. 1 %). Lammfleisch hat eine biologische Wertigkeit, worunter die Effizienz der Umsetzung in körpereigene Proteine verstanden wird, von 80 %. Mit dieser ernährungsphysiologischen Hochwertigkeit ist Lamm ein besonders zeitgemäßes Fleischprodukt. Voraussetzung für die gute Qualität ist aber die optimale Schafhaltung, hierzulande finden die Tiere ausgezeichnete Rahmenbedingungen vor: eine kleinstrukturierte Landwirtschaft mit verantwortungsvollen Bauern und eine abwechslungsreiche Landschaft mit dem besten Futter, Gräsern und Kräutern.

Die Lamm-Jahreszeiten

Sowohl für die leichte Frühlings- als auch für die deftigere Winterküche eignet sich das Lammfleisch sehr gut. Einerseits bekömmlich und delikat durch die frischen Frühlingswiesen, andererseits aromatisch durch Gräser, Kräuter, Milch und Getreide im mit Stroh ausgelegten Stall, ist das Lammfleisch ganzjährig von hervorragender Qualität.

Nach dem Kauf kann das Fleisch bis zu vier Tage im verschlossenen Glas- oder Porzellangefäß im Kühlschrank aufbewahrt werden. Reibt man es mit Öl ein, trocknet die Oberfläche kaum aus. Ist die Zubereitung erst später geplant, sollte das Fleisch eingefroren werden, allerdings ist zu beachten: je kürzer, desto besser. Nimmt man das Fleisch aus dem Kühl- oder Gefrierschrank, sollte es für die weitere Verarbeitung langsam auf Zimmertemperatur gebracht werden.

Einkauf und Verarbeitung

Beim Kauf sind pro Person 140–180 g schieres, reines Fleisch bzw. 250–300 g gewachsenes Fleisch, also mit Knochen und Fetträndern, zu berechnen.

Je jünger das Tier, desto zarter ist das Fleisch. In der Regel stammt Lammfleisch von Tieren, die mit maximal ca. 8 Monaten geschlachtet werden. Je nach Fleischteil enthält es mehr oder weniger Fett und Bindegewebe. Besonders zart sind Rücken und Schlögel, fester sind Schulter und Hals. Als besonders bindegewebsreich, aber saftig, erweisen sich die Stelzen.

Eine kräftige hell- bis dunkelrosa Farbe kennzeichnet frisches Lammfleisch mit sich gut abhebenden weißen Fetträndchen bzw. weißer Marmorierung. Fleisch am Knochen bleibt besonders saftig. Kaufen Sie es ausgelöst, sollten Sie trotzdem die Knochen gehackt zum Mitbraten oder für eine Suppenbrühe mitnehmen.

Lammfleisch sollte auch richtig „reif“ sein, also einige Zeit, rund 5 bis 10 Tage, bei 2 °C bis 4 °C und bei einer Luftfeuchtigkeit von 80 bis 90 % abgehangen sein, damit sich die Geschmacksqualität so richtig entfalten kann.

Lammfleisch verfügt über ein hohes Safthaltevermögen – das sollten Sie durch richtige Zubereitung erhalten. Es empfiehlt sich, das Fleisch in heißem Öl bzw. Fett anzubraten, damit es saftig und aromatisch bleibt.

Das Würzen mit frischen Kräutern ist dem mit getrockneten vorzuziehen. Da es sich bei Lammfleisch um ein besonders aromatisches Fleisch handelt, sollten Gewürze immer nur dosiert zum Einsatz kommen, um den zarten Eigengeschmack zu erhalten. Hingegen sind der Auswahl und Kombination von Kräutern und Gewürzen keine Grenzen gesetzt. Besonders passend zum Lammfleisch sind Rosmarin, Thymian, Majoran, Oregano, Knoblauch, Pfeffer, Minze, Salbei und Curry. Darüber hinaus werden auch Anis, Bärlauch, Basilikum, Chili, Dill,

Die Lammfleischteile

Filet, 1

Entspricht dem Lungenbraten beim Schwein oder Rind, ist aber beim Lamm sehr klein und fein – eine absolute Delikatesse.

Lammrücken, 2

Dieser reicht vom niederen Rücken (Lendenrücken, für Lammkrone geeignet) bis zum hohen Lammrücken, der ausgelöst das Karree (Rückenfilet) liefert. Aus dem Lammrücken schneidet man ganz magere Stücke zum Braten im Ganzen, Koteletts oder Lammchops (halbierte Koteletts), aber auch Steaks ohne Knochen zum Backen und zum Kurzbraten bzw. Grillen.

Schlögel (Keule), 3, 4, 5, 6

Dieses schöne große Stück, mit Knochen oder ausgelöst, im Ganzen oder gerollt, gibt zu jeder

1

2

3–6

Jahreszeit einen festlichen Braten. Keulensteaks – quer geschnittene Scheiben mit Knochen à la Florentiner Steak – sind eine besondere Spezialität.

Die einzelnen Teile des Schlögels – Schale (Kaiserteil), Nüsschen, Fricandeau und Schlussbraten (Tafelspitz) – werden im Ganzen oder zu Steaks und Schnitzeln geschnitten, gebraten, gebacken oder gegrillt, und aufgeschnitten für Grillspieße, Fondues und feine Ragouts verwendet.

100 g Keule enthalten 64 g Wasser, jeweils 18 g Fett und Eiweiß, 70 mg Cholesterin, 78 mg Natrium, 380 mg Kalium, 10 mg Kalzium, 213 mg Phosphor, 23 mg Magnesium und 27 mg Eisen. Der Energiegehalt entspricht 234 kcal bzw. 979 kJ.

Schulter, 7

Mit und ohne Knochen wird die Schulter zu einem sehr guten Braten verarbeitet. Dieser kann traditionell oder exotisch zubereitet und, gefüllt als Rollbraten, gedünstet oder geschmort werden. Auch für Ragouts, Gulasch und als

7 8 9

Faschiertes kann man dieses saftige Universalstück des Lamms verwenden.

Hals, 8

Das gut durchzogene Fleisch passt im Ganzen für eine deftige Bratenzubereitung, ausgelöst vorzüglich für Eintöpfe und Ragouts, aber auch als Faschiertes ist dieser Teil bestens geeignet.

Brust, 9

Das ebenfalls gut durchzogene Fleisch lässt sich fantasievoll füllen und braten, ist aber auch klein geschnitten für Eintöpfe schmackhaft. Mit den Ripperln ist dieser Teil ein begehrtes Grillstück.

Bauch (Wammerl), 10

Die Brust geht über in den Bauch (auch Wammerl) und wird wie die Brust verwendet.

Stelzen (Haxen), hintere (11) und vordere (12)

Im Ganzen eignen sich Stelzen gut zum Grillen, Braten, Schmoren und Dünsten. Ausgelöst lassen sich wohlschmeckende Ragouts und Eintöpfe zubereiten. Hintere Stelzen sind fleischiger

10

11/12

13

als vordere, beim langsamen Braten wird das geschmackverleihende Bindegewebe auch ganz weich.

Innereien, 13–16

Die dunklen Innereien wie Leber (13), Herz, Lunge (14, 15 – die oberen Eingeweide werden auch als Beuschel bezeichnet) und Nieren (16) und die hellen Innereien wie Hirn, Bries und Kutteln sind viel zarter als beispielsweise jene vom Kalb und dennoch intensiver im Geschmack.

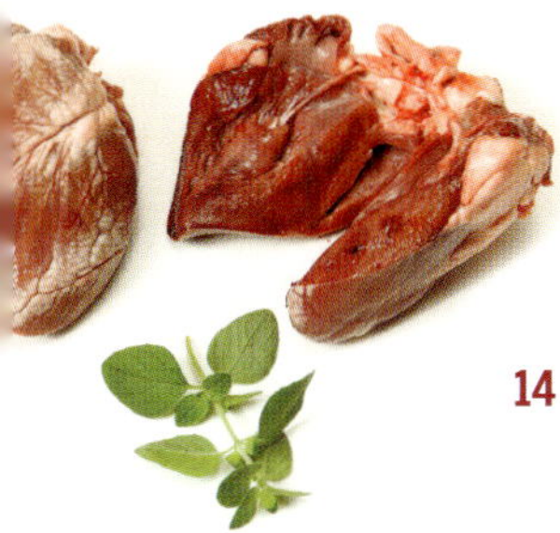

14

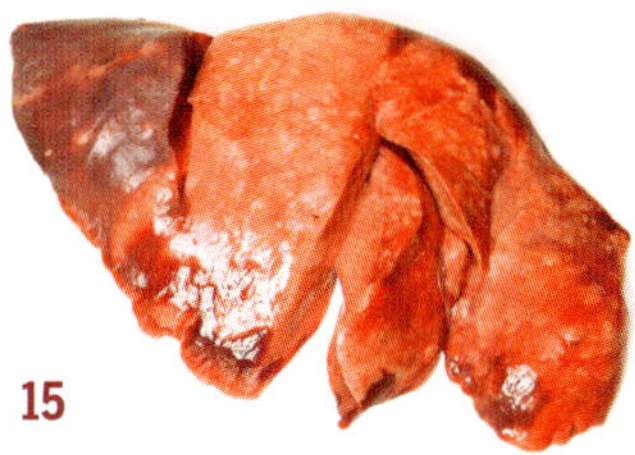

15

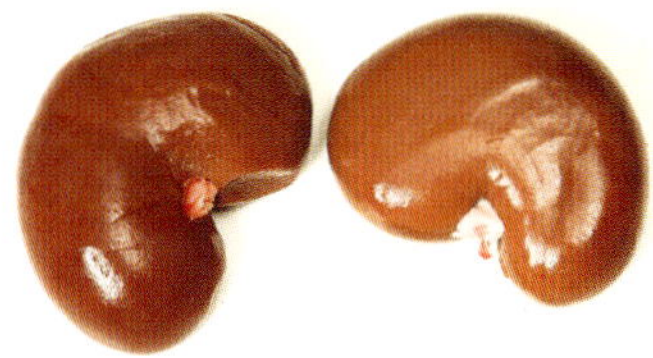

16

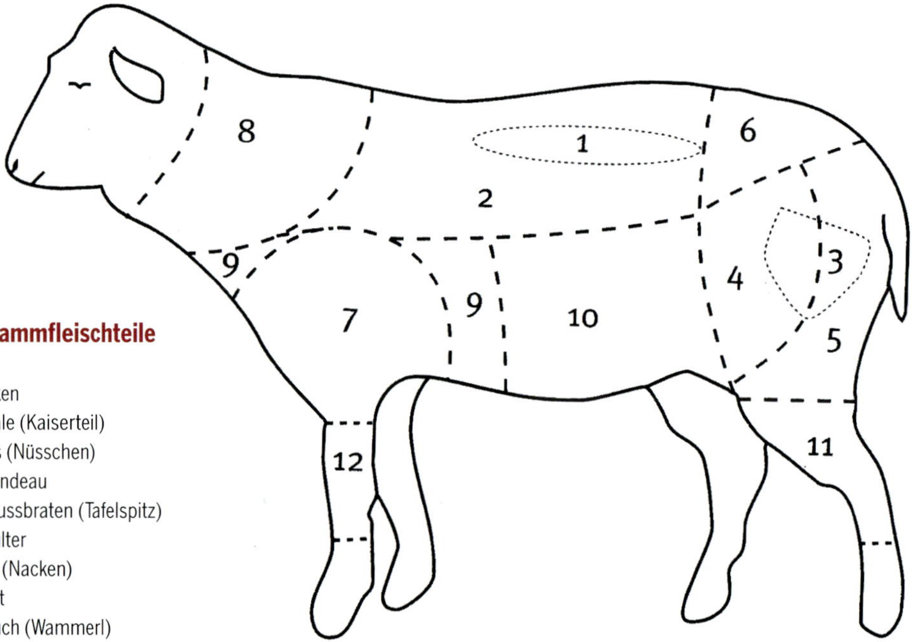

Die Lammfleischteile

1 Filet
2 Rücken
3 Schale (Kaiserteil)
4 Nuss (Nüsschen)
5 Fricandeau
6 Schlussbraten (Tafelspitz)
7 Schulter
8 Hals (Nacken)
9 Brust
10 Bauch (Wammerl)
11 Hintere Stelze
12 Vordere Stelze

Lammour auf allen kulinarischen Wegen – Die Lammrezepte

Auf den folgenden Seiten habe ich für Sie einen ansehnlichen Querschnitt von Lammrezepten zusammengetragen, der ein einmaliges kulinarisches Universum beschreibt.
Wenngleich es sich um *Das Österreichische Lamm-Kochbuch* handelt, soll auch der Tatsache Rechnung getragen werden, dass Lamm weltweit gegessen wird. Auf den folgenden Seiten finden Sie daher immer wieder auch kreative Rezepte der international vielfältigen Lammküche.
Die Zutaten sind immer für vier Portionen angegeben. Fast alle Gerichte lassen sich ebenso mit Kitzfleisch (von der Ziege) zubereiten, haben dann eine spezifische andere, etwas zartere, aber ebenfalls köstliche Geschmacksnote.
„Beim Reden kommen die Leut' zusammen", bei einer Mahlzeit aber auch. Ich hoffe, dass beim genüsslichen gemeinsamen Speisen das symbolträchtige, integrative Element Lamm so richtig zum Tragen kommt.

Ich wünsche Ihnen nun ein gutes Schmökern und Schmecken, auf dass Sie ebenfalls die Liebe zum Lammfleisch und zu den Schafmilchprodukten (weiter)entwickeln.

Lammrohschinken mit Melone

250 g Lammrohschinken, fein aufgeschnitten
Pökelsalz
Wacholderkörner
Pfefferkörner
1 Lorbeerblatt
Thymian
Rosmarin
Knoblauch
Nelken
1 Prise Zimt
1 Prise gemahlener Kaffee
½ Melone (z.B. Galiamelone),
zu kleinen Kugeln geformt

Vom Lammschlögel nimmt man die Nuss oder die Schale und beizt mit einer feinen Mischung aus Pökelsalz, Wacholderkörnern, Pfefferkörnern, Lorbeerblatt, Thymian, Rosmarin, Knoblauch, Nelken, einer Prise Zimt und einer Prise gemahlenem Kaffee. Das Lammfleisch soll dann gut verschlossen zwei bis drei Wochen kühl gelagert werden. Dazwischen – besonders, wenn man mehrere Stücke hat – ab und zu umschlichten.
Anstatt das Fleisch zu trocknen, kann ein schnelleres Ergebnis erzielt werden, indem man den Schinken bei niederer Temperatur im Backrohr, bei ca. 80 °C, ungefähr 2–3 Stunden langsam ziehen lässt (Kerntemperatur zumindest 62 °C).

Die Melone halbieren, aushöhlen und aus der Frucht kleine Kugeln formen. Diese mit dem Lammrohschinken in der ausgehöhlten Melonenform anrichten.

Topfenravioli mit Lammfülle

Teig

250 g Schafstopfen
300 g Mehl
1 Ei
Salz

Fülle

1 EL Olivenöl
2 Schalotten, fein geschnitten
250 g Lammfilet, fein gewürfelt
60 ml trockener Weißwein
1 mehliger Erdapfel, gekocht und durchgedrückt
1 Eidotter
50 g Mozzarella, kleinwürfelig aufgeschnitten
1 EL geriebener Parmesan
1 Bund Basilikum, fein gehackt
Salz
Pfeffer
1 Eidotter, verquirlt zum Bestreichen
1 EL Butter

4 Basilikumblätter, ganz, zum Dekorieren

Den Schafstopfen gut ausdrücken und mit der Hälfte des Mehls, Ei, Salz und Olivenöl zu einem Teig kneten und rasten lassen.

Schalotten in heißem Olivenöl anschwitzen, das Fleisch beigeben, mitbraten und mit dem Wein ablöschen und dünsten lassen, bis die Flüssigkeit komplett eingekocht ist. Dann den Erdapfel mit dem Eidotter, dem Mozzarella, dem Parmesan und dem Basilikum verrühren und das Lammfleisch mit Salz und Pfeffer darunter mischen.
Teig dünn ausrollen, mit einer runden Form (Tasse) Kreise ausstechen. In die Mitte jeweils einen TL der Fülle setzen. Dann die Teigränder mit Eidotter bestreichen und halbrund zu Ravioli zusammenklappen, die Ränder mit einer Gabel gut andrücken. Die Ravioli nun ungefähr 5 Minuten in siedendes Salzwasser geben.

Inzwischen die Butter zergehen lassen, Basilikum dazugeben und die Blätter anbräunen.
Die Ravioli gut abtropfen lassen und mit Basilikumbutter und frischen Basilikumblättern garniert servieren.

Pizzateigtascherl mit Lamm

Teig
450 g glattes Mehl
20 g Germ
Salz
¼ l lauwarmes Wasser

Fülle
250 g Lammfaschiertes
4 Paradeiser
je ¼ roter und gelber Paprika, gewürfelt
1 Bund Frühlingszwiebeln
1 Pfefferoni, fein gehackt
2 Bund Petersilie, fein gehackt
½ TL Paprikapulver
4 EL Olivenöl
Salz
Pfeffer

Aus Mehl, Germ, Salz und Wasser einen Pizzateig bereiten und gehen lassen.

Paradeiser blanchieren, entkernen und in kleine Würfel schneiden. Paprika ebenfalls. Die gewaschenen Frühlingszwiebeln fein schneiden. Dann das Lammfaschierte mit Paradeisern, Frühlingszwiebeln, Pfefferoni, Paprikastücken und Petersilie vermischen und mit Paprikapulver, Salz und Pfeffer würzen.

Aus dem Teig acht Fladen ausrollen und offene Tascherl formen. Diese auf ein eingeöltes Blech legen und mit der Lammmasse füllen. Ränder nach innen biegen und im vorgeheizten Rohr bei ca. 200 °C eine knappe halbe Stunde backen.

Carpaccio vom Lammfilet

200 g Lammrücken
3 EL Trüffelöl
gemischte, frische Kräuter
Balsamico-Essig
Salz
Pfeffer
eingelegte Eierschwammerl
Parmesan, gehobelt

Das Lammfilet in hauchdünne Scheiben schneiden – angefroren geht das am leichtesten – und eventuell zwischen Frischhaltefolie noch flacher schlagen. Den Teller mit etwas Öl bestreichen und leicht salzen. Die Fleischscheiben auf dem Teller verteilen und mit wenig Trüffelöl (oder kaltgepresstem Olivenöl), den Kräutern sowie einem Hauch von Balsamico marinieren. Salzen und pfeffern, Eierschwammerl verteilen und den Parmesan darüber hobeln.

Schafskäseterrine

200 g Schafweichkäse
45 ml Schafmilchjoghurt
Weißer Pfeffer
1 Messerspitze Senf, mild
1 Prise Zucker
4 Blatt Gelatine
2 Bund Schnittlauch
4–5 EL Wasser
100 g Schafschnittkäse (Kugelkäse) zum Auslegen der Form
⅛ l Schlagrahm
100 g Selchkäse, in Würfel geschnitten oder Scheiben geschnitten als Einlage

Den Schafweichkäse grob schneiden, mit Joghurt und den Gewürzen langsam erwärmen, Gelatine in kaltem Wasser einweichen, Schnittlauch fein schneiden. Die Form mit einer Frischhaltefolie auslegen. Die Gelatine gut ausdrücken, mit 4–5 EL heißem Wasser auflösen. Form mit Gelatine auspinseln, den fein gehackten Schnittlauch aufstreuen und andrücken. Die Schnittkäsescheiben leicht überlappend auslegen.
Die heiße Käsemasse mit der restlichen aufgelösten Gelatine verrühren, durch ein Sieb streichen. Masse etwas stocken lassen, den geschlagenen Schlagrahm einrühren, Selchkäse in kleine Würfel schneiden, in die Käsemasse mengen und in die Form füllen.

Oder: Selchkäse in Scheiben schneiden und die Käsemasse schichtweise mit Käsescheiben in die Form füllen, Terrine mit Schnittlauch bestreuen und mit Schnittkäsescheiben abdecken. Mindestens 2 Stunden kalt stellen. Terrine stürzen, Folie abziehen.

Dazu passen auch marinierte Feigen. Diese in Scheiben schneiden und mit Cassislikör marinieren, mit Salz und Pfeffer würzen.

Lauch-Schafskäse-Soufflé

3 Stangen Lauch, klein geschnitten
2 EL Olivenöl
200 g geriebener fester Schafskäse
1 EL Zitronenthymianblätter, gehackt
Pfeffer
3 Eidotter
4 Eiklar
2 Becher Schlagrahm

Béchamelsoße
4 EL Butter
2 EL Mehl
300 ml warme Milch
300 ml Milch
1 Prise Muskatnuss, gerieben
Salz, Pfeffer

150 g Rucola zum Garnieren

Den Lauch im heißen Olivenöl ca. 5 Minuten dünsten, bis er goldbraun ist, dann beiseitestellen.
Eine Béchamelsoße bereiten, dazu das Mehl mit der Butter bei leichter Hitze anschwitzen lassen und die Milch – zuerst die warme, hierauf die restliche – nach und nach einrühren, unter ständigem Rühren mehrere Minuten kochen lassen.
Die Soße mit Muskat, Salz und Pfeffer abschmecken.
Nun den Schafskäse, Zitronenthymian, Pfeffer, Lauch und Eidotter unterrühren.

Eischnee aus den 4 Eiklar unter die Käsemischung heben, in 4 gebutterte Souffléförmchen füllen und im Wasserbad ca. 20 Minuten bei 120 °C garen.
Noch einmal ins Backrohr stellen und eine weitere Viertelstunde backen, bis die Soufflés goldbraun aufgegangen sind.

Zum Servieren etwas auskühlen lassen, stürzen und mit flüssigem Schlagrahm übergießen. Mit Rucola garnieren.

Erdäpfelpudding mit Schafskäse

400 g Erdäpfel, vorwiegend festkochend, gewürfelt
100 g Zwiebeln, würfelig geschnitten
100 g Schalotten, würfelig geschnitten
60 g Frühlingszwiebeln, in Ringe geschnitten
2 EL Butter
6 EL Olivenöl
1 Bund Salbei
100 ml Schlagrahm
100 ml Milch
2 Eier

400 g Schafskäse (halbgereift)
1 Kopf Häuptelsalat
3 Radieschen, klein geschnitten
2 Karotten, klein geschnitten
1 kleine Dose Mais
Balsamico-Essig
1 TL Senf
1 TL Zucker
Salz
Pfeffer

Die Hälfte der Erdäpfel bissfest kochen. Die andere Hälfte ganz weich kochen und trocken durch die Erdäpfelpresse drücken.

Alle Zwiebeln zusammen mit 1 EL Butter, 3 EL Olivenöl und 2 gehackten Salbeiblättern etwa 10 Minuten dünsten. Salzen, mit Schlagrahm und Milch ablöschen und vom Herd nehmen.

Erdäpfelpüree, Erdäpfelwürfel und Eier mit der Milch-Zwiebel-Mischung verrühren und mit Salz und Pfeffer abschmecken. Die Erdäpfelmasse in 4 gebutterte Auflaufförmchen einfüllen und jeweils ein Viertel des Schafskäses hineindrücken. Im Wasserbad im vorgeheizten Backrohr bei 180 °C ca. 30 Minuten backen.

Inzwischen 2 EL Mehl mit einer Prise Salz und etwas Wasser zu einem dünnflüssigen Teig verrühren. Die restlichen Salbeiblätter durch den Teig ziehen und in Olivenöl knusprig braten. Abtropfen lassen, etwas salzen. Darauf Erdäpfelpudding mit den Salbeiblättern garniert servieren.

Den Salat mit Radieschen, Mais, Karotten und den restlichen Zutaten abmachen und dazu reichen.

Schafskäseparfait

4 Blatt Gelatine
200 g Schafsfrischkäse, passiert
125 g Sauerrahm
3 EL Kräuter (Schnittlauch, Kerbel, Dill), fein gehackt
Salz
Pfeffer
1/8 l klare Gemüsesuppe
125 ml Schlagrahm

Gelatine in kaltem Wasser einweichen.
Käse, Sauerrahm und Kräuter mit Salz und Pfeffer glatt verrühren. Gemüsesuppe erwärmen, die Gelatine darin auflösen und zur Parfaitmasse geben. Schlagrahm schlagen und unterheben. Die Masse dann in eine mit Klarsichtfolie ausgelegte Form füllen.

Nach etwa 4 Stunden im Kühlschrank kann man das Parfait stürzen, in Scheiben schneiden und anrichten.

Schafskäse-Zucchinitörtchen

2 Pkg. Blätterteig
Butter zum Ausstreichen der Formen
1 Zucchini, feinwürfelig geschnitten
120 g Magertopfen
100 g Sauerrahm
100 g Schafsblauschimmelkäse, passiert
2 Eier
1 Bund Schnittlauch, fein geschnitten
Salz
Pfeffer
Saft von ½ Zitrone
2 Eidotter, verquirlt

Blattsalat
Essig
Öl

8 ausgebutterte feuerfeste Tarteförmchen mit dem Blätterteig so auslegen, dass der Teig über den Rand reicht. Zucchini, Topfen, Sauerrahm und den passierten Schafsblauschimmelkäse, Eier und Schnittlauch miteinander gut verrühren. Die Masse mit Salz, Pfeffer und Zitronensaft würzen. Die Förmchen damit befüllen und mit dem überstehenden Blätterteig bedecken. Mit Eidotter bestreichen und im Backrohr bei 200 °C ca. 20 Minuten backen.

Die gebackenen Schafskäse-Zucchinitörtchen auf Tellern mit Blattsalat, abgeschmeckt mit Essig und Öl, servieren.

Frühlingssalat mit gebratenem Lammfilet und Schafskäse

400 g Lammfilet
Salz
Pfeffer
2 Zweige Rosmarin
Olivenöl
150 g fester Schafskäse, gerieben
1 EL Rosmarin, fein gehackt

1 Kopfsalat, grob geschnitten
2 Radieschen, in Scheibchen geschnitten

Marinade
1 Eidotter
50 ml Hühnersuppe
1 Knoblauchzehe
1 Schalotte, klein gewürfelt
1 TL Zucker
½ TL Senf
150 g Sauerrahm
50 g Schlagrahm
2 EL Weißweinessig
2 EL Balsamico-Essig
1 Schuss Weißwein
6 EL Olivenöl

Das Lammfilet salzen und pfeffern und mit den Rosmarinzweigen ca. 3 Minuten im heißen Olivenöl anbraten.

Aus Eidotter, Hühnersuppe, Gewürzen, Sauerrahm, Schlagrahm, Essig, Wein und Öl eine Marinade zubereiten. Den Salat und die Radieschen mit dem Dressing vermischen.
Währenddessen das Filet zugedeckt einige Minuten rasten lassen.

Das Filet aufschneiden, die Filetstücke auf den Salat legen und mit geriebenem Schafskäse und gehacktem Rosmarin bestreut servieren.

Gebratene Lammstreifen auf Capellini

600 g Lammrücken, ausgelöst und in Streifen geschnitten
Olivenöl
Thymian
2 Knoblauchzehen
Salz
Pfeffer
200 ml Lammfond
1 EL rotes Pesto
200 ml Schlagrahm
300 g Capellini
800 g Blattspinat, blanchiert
Butter
Knoblauch
100 ml Prosecco

Die Lammstreifen in Olivenöl, Thymian, Knoblauch, Salz und Pfeffer marinieren und 3–4 Stunden ziehen lassen. Danach das Fleisch aus der Marinade nehmen und beiseitestellen. Für die Soße die Marinade mit dem Pesto sowie dem Schlagrahm verrühren und erhitzen. Die Capellini bissfest kochen. Den Blattspinat in etwas Butter mit Knoblauch gut schwenken, salzen und pfeffern. Die Lammstreifen in Olivenöl anbraten. Die Capellini dazugeben, durchschwenken und mit dem Blattspinat anrichten. Die Soße mit Prosecco aufschäumen und über die Nudeln gießen.

Brimsen-Rucola-Nockerl mit Salbeibutter

200 g Rucola, geputzt
3 EL Butter
400 g Brimsen, passiert
150 g Weizenmehl
2 Eier
1 Eidotter, verquirlt
150 g Parmesan, gerieben
Salz
Pfeffer
1 Prise Muskatnuss, gemahlen
1 Paradeiser, blanchiert, gehäutet und würfelig geschnitten
12 Salbeiblätter, 8 davon fein gehackt

Rucola in Butter andünsten, bis er zusammenfällt, erst dann fein hacken. Den Brimsen mit Mehl, Eiern und Eidotter verrühren und zwei Drittel des Parmesans, Rucola, Salz, Pfeffer und eine Prise gemahlene Muskatnuss dazu mischen. Aus dieser Masse mit einem Esslöffel Nockerl formen und in leicht wallendes Salzwasser einlegen. Ziehen lassen, bis die Nockerl an der Oberfläche schwimmen. Inzwischen Butter in einer Pfanne zergehen lassen, die gehackten Salbeiblätter und die Paradeiswürfel dazugeben. Salzen und pfeffern und kurz anschwitzen lassen.

Brimsen-Rucola-Nockerl mit Parmesan bestreut anrichten, die Salbei-Paradeisbutter darüber gießen und mit dem restlichen Salbei und einigen Rucolablättern garnieren.

Saganaki – Gebackener Schafskäse

400 g Schafskäse
2 Eier
Mehl zum Wenden
Olivenöl zum Ausbacken
2 EL getrockneter Oregano

Den Schafskäse in ca. 1 cm dicke Scheiben schneiden. In die verquirlten Eier tauchen und danach in Mehl wenden. Dann in reichlich Olivenöl in einer Pfanne goldgelb backen. Den gebackenen Schafskäse auf Küchenpapier abtropfen lassen. Danach auf beiden Seiten mit Oregano bestreuen und sofort servieren.

Dazu passen knuspriges Weißbrot und frischer Paradeissalat oder mit etwas Balsamico-Essig marinierter Rucola.

Liptauer Käse

50 g frische Butter
200 g Brimsen, passiert
1 TL Rosenpaprika
1 TL kleine Kapern, fein gehackt
1 Prise Kümmel, gemahlen
1 Essiggurke, gewürfelt
2 TL Schalotten, sehr fein gehackt
etwas frischer Schnittlauch, fein gehackt

Die Butter weich und glatt rühren, dann den durch ein Sieb passierten Brimsen dazugeben sowie alle Gewürze, die Gurkenstückchen und die Zwiebeln. Alles gut verrühren, sodass der Liptauer eine geschmeidige, aber nicht zu weiche Konsistenz bekommt.
Mit frischem Schnittlauch garnieren.

Tipp: Ist der Liptauer gut gekühlt, kann man mit einem Eiskugelformer auch kleine Kugeln formen, diese in Schnittlauch, geriebenen Mandeln, Schwarzbrotbröseln oder geriebenen Kürbiskernen rollen und so dekorativ servieren.

Lamm-Sugo mit Nudeln

1 kleine Zwiebel, fein gehackt
1 mittlere Karotte, kleinwürfelig geschnitten
½ kleinere Sellerieknolle, kleinwürfelig geschnitten
1 kleine Zucchini, kleinwürfelig geschnitten
50 g Tomatenmark
200 ml Lammfond
400 g Lammfaschiertes (Schulter oder Hals)
Salz, Pfeffer
frischer Majoran, gehackt
Knoblauch

Zuerst die Zwiebel im Olivenöl kurz andünsten, dann das Gemüse dazugeben und weiterdünsten. Das Tomatenmark einrühren, kurz weiterrösten und mit Lammfond aufgießen. Ein paar Minuten köcheln lassen, das Faschierte einrühren und das Ganze auf kleiner Flamme abermals köcheln lassen. Mit Salz, Pfeffer, Majoran und Knoblauch würzen.

250 g Nudeln nach Wahl
2 EL Olivenöl oder etwas Butter
Paradeiswürfel von 1 Paradeiser, blanchiert, gehäutet
Blauschimmelschafskäse, gewürfelt

Inzwischen die Nudeln in reichlich Salzwasser al dente kochen, abseihen, in Butter oder Olivenöl kurz durchschwenken und anrichten, mit Sugo übergießen und mit dem Blauschimmelschafskäse und den Paradeiswürfeln bestreuen.

Zucchini-Melanzanisalat mit Lammstreifen

300 g Lammschulter, ausgelöst
¼ l Lammfond

1 große Zucchini,
in dünne Scheiben geschnitten
1 Melanzani, in dünne Scheiben geschnitten
Salz
Pfeffer
4 Knoblauchzehen, fein gehackt
6 EL Olivenöl
1 EL Weinessig
1 TL Kräuter der Provence
3 Sardellenfilets, fein gehackt
1 Paradeiser, blanchiert, gehäutet
und in kleine Würfel geschnitten
1 EL Petersilie, gehackt
½ Becher Schafsjoghurt

Die ausgelöste Lammschulter im Lammfond aufkochen, ca. 25 Minuten köcheln und anschließend im Sud erkalten lassen. Dann die Lammschulter in Streifen schneiden.
Die Zucchini- und Melanzanischeiben im Olivenöl unter mehrmaligem Wenden dünsten, bis die sich bildende Flüssigkeit verdunstet ist. Salzen und pfeffern, Kräuter und eine Knoblauchzehe dazugeben und erkalten lassen.
Olivenöl, Weinessig, Kräuter der Provence, 1 TL Knoblauch, Salz und Pfeffer zu einer Vinaigrette verrühren.
Zucchini und Melanzani mit der Vinaigrette vermengen, darüber das Lammfleisch anrichten.

Den restlichen Knoblauch und die Paradeiser mit den Sardellenfilets, der Petersilie und dem Joghurt mischen und über den Salat gießen.

Lammbouillon mit Eierstich

1 kg Lammfleisch mit Knochen (Schlögel, Schulter)
1 Karotte, geschält, in grobe Stücke geschnitten
2 Knoblauchzehen, ganz
½ Zwiebel, Schnittfläche angebräunt
6 Wacholderbeeren
Lorbeerblätter
1 Rosmarinzweig
Schnittlauch, geschnitten

Eierstich

3 Eier
⅛ l Schlagrahm
Salz
Pfeffer

Lammfleisch und Knochen in kaltem Wasser zustellen und langsam zum Kochen bringen. Gemüse und Gewürze nach ca. einer halben Stunde dazugeben und mit Salz und Pfeffer würzen. Eine weitere Stunde köcheln lassen, dazwischen abschäumen und am Schluss abseihen.
Die Eier mit einem Schneebesen schaumig schlagen, Schlagrahm dazugeben, salzen und pfeffern. Eimasse in einer Pfanne im heißen Wasserbad stocken lassen. Dann im auf 120 °C vorgeheizten Backrohr kurz überbacken. Nach dem Auskühlen in Stücke schneiden. Diese lassen sich auch einfrieren.

Lammbouillon in Suppentellern mit dem Eierstich und Schnittlauch anrichten. Nach Belieben kann man die Suppe mit einem kleinen Stück Lammfleisch aufbessern.

Paprizierte Lamm-Krautsuppe

400 g Lammfleisch aus der Schulter, ausgelöst, gewürfelt
Öl
2 Zwiebeln, fein geschnitten
4 Knoblauchzehen, fein gehackt
1 EL Paprikapulver, edelsüß
125 ml Weißwein
1 ¼ l Lammfond
125 ml Essigwasser
Salz
Pfeffer
1 Lorbeerblatt
2 Thymianzweige
1 Prise Kümmel, gemahlen
¼ Chilischote
2 Karotten, würfelig gechnitten
2 Erdäpfel, würfelig geschnitten
700 g Weißkraut, klein geschnitten
4 EL Sauerrahm

Lammfleisch im heißen Öl scharf anbraten, Zwiebeln und Knoblauch dazugeben und einige Minuten mitdünsten lassen. Dann das Paprikapulver einrühren, mit dem Wein ablöschen und einige Minuten kochen lassen, bevor mit dem Lammfond aufgefüllt wird. Die restlichen Gewürze hineingeben und ca. eine halbe Stunde köcheln lassen. Mit Essigwasser abschmecken. Erdäpfel, Karotten und Kraut untermischen und köcheln lassen, bis die Erdäpfel weich sind.

Portionsweise anrichten und jeweils 1 EL Sauerrahm auf die Suppe geben. Mit Thymian garniert servieren.

Klare Lammbouillon (Lammsuppe)

Für 5 l Lammbouillon

1,5 kg mageres Lammfleisch
750 g Lammstelzen
750 g Lammknochen
250 g Lauch, gewaschen
250 g Karotten, geschält
250 g Sellerieknollen, geschält
250 g Petersilienwurzeln, geschält
2 Zwiebeln, halbiert, auf der Schnittfläche dunkel angebraten
4 Knoblauchzehen
4 Lorbeerblätter
½ TL Rosmarin
6 Pimentkörner
Pfefferkörner
Salz

Fleisch und Knochen blanchieren, danach gut waschen und ungefähr 1 Stunde im kochenden Salzwasser langsam ziehen lassen. Danach die übrigen Zutaten hinzugeben und ca. 3 Stunden köcheln lassen. Den Schaum laufend abschöpfen.

Das Fleisch kann nach und nach zur weiteren Verwendung herausgenommen werden. Die Suppe abseihen.

Tipp: Die Suppe kann auch portionsweise eingefroren werden.

Schottische Lammsuppe

1 Zwiebel, in Streifen geschnitten
1 Tasse Reis
Öl
400 g mageres Lammfleisch, gewürfelt
100 g Lauch, klein geschnitten
100 g Karotten, klein gewürfelt
100 g Sellerieknollen, klein gewürfelt
100 g Petersilienwurzeln, klein gewürfelt
Salz
Pfeffer
1 l Lammfond

100 g Kopfsalat,
in Streifen geschnitten

Die Zwiebel und den Reis im Öl anschwitzen, das Lammfleisch und das Gemüse dazugeben, mit Salz und Pfeffer abschmecken. Mit dem Lammfond auffüllen und eine knappe halbe Stunde köcheln lassen.

Mit Kopfsalatstreifen bestreut servieren.

Flecksuppe

50 g Zwiebeln, fein geschnitten
40 g Speckwürfel
40 g Schmalz
1 EL Mehl
1 kleiner Paprika
150 g gemischtes Gemüse, gekocht und fein gehackt
1 l Kochsud
Majoran
Piment
Knoblauch
Lorbeer
Salz
Pfeffer
350 g Lammkutteln, gekocht, fein geschnitten
1 Schuss Weißwein oder Essig

Zwiebeln und Speck im Schmalz anrösten, mit dem Mehl stauben und gut durchrösten. Dann die Hitze verringern, Paprika und Gemüse dazugeben und nach und nach mit kaltem Kochsud bzw. Salzwasser aufgießen. Gut durchkochen und mit den Gewürzen abschmecken. Jetzt die Kutteln dazugeben und auf kleiner Flamme mindestens 30 Minuten köcheln lassen.

Beim Anrichten noch einen Schuss Wein oder Essig in die Flecksuppe geben.

Piti (Lammsuppe aus Aserbaidschan)

200 g Lammfleisch, in Würfel geschnitten
2 Zwiebeln, fein gehackt
4 Pflaumen
100 g frische Erbsen
6 Kastanien (Maroni), gekocht
1 Paradeiser, gehäutet und geviertelt
Salz
Pfeffer
½ EL Bohnenkraut, gehackt
6 Pfefferkörner, grob zerstoßen
1 EL Korianderblätter, gehackt
1 EL Petersilie, gehackt
5 Fäden Safran

Fleisch, Zwiebeln, Pflaumen und Erbsen in einen innen glasierten irdenen Tontopf (Piti) – wenn nicht verfügbar, dann am besten in eine Kasserolle aus Emaille – geben, mit ½ Liter kochendem Wasser aufgießen und zudecken. Im auf 180 °C vorgeheizten Backrohr ca. eine Dreiviertelstunde garen lassen. Kastanien (Maroni), Paradeiser, Salz und Pfeffer in das Piti geben und erneut eine halbe Stunde zugedeckt weitergaren. Falls nötig, kann man kochendes Wasser nachgießen. Nach 1 ½ Stunden mit den Küchenkräutern abschmecken und ein paar Minuten ruhen lassen. Heiß servieren.

Lammfleisch in Sardellen-Suppe

800 g Lammfleisch in kleinen Stücken
Öl
1 Schuss Weißwein
1 l Lammfond
1 Zwiebel, gehackt
1 EL Mehl
60 ml Schlagrahm
10 Sardellenfilets
Saft und geriebene Schale von 1 Zitrone
Petersilie

Lammfleisch in Öl anrösten, mit dem Weißwein ablöschen, dem Fond aufgießen und langsam weich dünsten. Mit 2 EL Öl, einer kleinen gehackten Zwiebel und 1 EL Mehl eine Einbrenn machen, in die Soße einrühren und dezent würzen.

Schlagrahm, die fein geschnittenen Sardellenfilets, Zitronensaft, die geriebene Zitronenschale und Petersilie vermischen. Diese Masse ca. 15 Minuten vor dem Anrichten auf das Fleisch geben, ziehen lassen – ohne nochmals aufzukochen – und heiß servieren.

Gemüsesuppe mit Lammfleischbällchen

1 l Lammfond
1 Zwiebel, fein gehackt
2 Karotten, in Scheiben geschnitten
½ Sellerieknolle, klein gewürfelt
75 g Erbsen, frisch oder tiefgefroren
50 g Bohnenschoten (grüne Bohnen in der Hülse), in etwa 2,5 cm große Stücke geschnitten
3 Paradeiser, klein geschnitten und entkernt
1 roter Paprika, klein geschnitten und entkernt
2 Zitronen, in Scheiben geschnitten
Salz, Pfeffer
Brot zum Servieren

Fleischbällchen

230 g Lammfaschiertes
40 g Rundkornreis
2 EL Petersilie, gehackt
Salz, Pfeffer
1 EL Mehl

Lammfond mit Gemüse, Zitronenscheiben, Salz und Pfeffer in einen großen Topf geben, aufkochen lassen und bei schwacher Hitze zugedeckt eine gute Viertelstunde köcheln lassen.

Für die Fleischbällchen das Lammfaschierte, den gekochten Reis und die Petersilie gut vermischen. Salzen und pfeffern. Die Mischung zu etwa zwetschkengroßen Bällchen rollen und diese in Mehl wälzen. Dann in die Suppe geben und bei schwacher Hitze ca. eine halbe Stunde garen. Dabei ab und zu umrühren, damit die Bällchen nicht zusammenkleben.

Salzen, pfeffern und mit frischem Brot servieren.

Bulgarische Lammsuppe

2 EL Öl
450 g Lammfleisch (ausgelöste Schulter, ausgelöster Schlögel), gewürfelt
1 Zwiebel
2 EL Mehl
2 EL Paprikapulver, edelsüß
1 l Lammfond
½ Bund Petersilie
4 Frühlingszwiebeln
2 Stämmchen Liebstöckel
2 Stämmchen Dill
25 g Langkornreis
Salz, Pfeffer
2 Eier, geschlagen
3 EL Essig oder Zitronensaft
2 EL Butter

Brot zum Servieren

Das Öl in einem großen Topf erhitzen und das Fleisch darin anrösten, Zwiebel dazugeben und weiter braten. Mehl und 1 EL Paprikapulver beigeben und alles gut verrühren. Mit dem Fond aufgießen und 10 Minuten köcheln lassen.
Petersilie, Frühlingszwiebeln, Liebstöckel und Dill zu einem Kräutersträußchen binden und in die Suppe geben. Reis dazugeben, salzen und pfeffern. Die Suppe aufkochen lassen und bei schwacher Hitze noch eine weitere Dreiviertelstunde köcheln lassen.
Dann den Topf von der Herdplatte ziehen und die Kräuter herausnehmen. Die geschlagenen Eier unterrühren und mit Essig oder Zitronensaft abschmecken. Butter schmelzen und das restliche Paprikapulver einrühren.

Die Suppe in vorgewärmten Suppentellern anrichten und mit Kräutern und der Paprikabutter garnieren. Mit Brot servieren.

Lamm-Suppentopf (Pot au Feu)

½ Lammkopf oder ca. ½ kg Knochen
und Abschnitte vom Lamm
500 g Lammschulter
2 Lammzungen (wenn vorhanden)
1–2 Lammstelzen
1 kleinere Sellerieknolle
2 Karotten
je 1 Petersilienwurzel und 1 kleiner Lauch
2–3 Kohlblätter

3 EL bunter Paprika, klein gewürfelt
1 kleiner Bund Petersilie
2 Zwiebeln
2–3 Lorbeerblätter
2 Knoblauchzehen
3–4 l Wasser
Salz
Schnittlauch

Willi Haider, der Haubenkoch und Inhaber der ersten steirischen Kochschule, ist auch Lammbotschafter und trägt die Qualität von Schafbauernprodukten tatkräftig und mit kulinarischer Raffinesse in alle Welt. In diesem Buch widmet er uns zwei seiner Lammgerichte, zunächst einen Lamm-Suppentopf.

Dazu den Lammkopf oder die Lammknochen in kochendes Wasser geben und überbrühen (blanchieren) bzw. 2–3 Minuten kochen lassen, abseihen und mit kaltem Wasser gut durchwaschen. Mit frischem, kaltem Wasser zustellen und leicht salzen.

Einen Teil vom Wurzelgemüse und den Zwiebeln in dekorative Stücke schneiden (Stäbchen, Ringe, Scheiben) und getrennt bissfest vorkochen, im Eiswasser kurz abschrecken.

Das restliche Wurzelgemüse mit Kräutern und Gewürzen zum Lammkopf bzw. zu den blanchierten (überbrühten) Knochen geben und ca. 1 Stunde köcheln lassen. Die Fleischstücke, Zunge und Haxe in die heiße Suppe geben und auf kleiner Flamme ca. 1 ½ bis 2 Stunden weich kochen, anschließend das Fleisch am besten im kalten Wasser abschrecken bzw. gut abkühlen lassen und klein schneiden. Suppe abseihen und mit vorgekochtem Gemüse und den Fleischstücken kurz wärmen. Nochmals gut abschmecken und evtl. mit Schnittlauch bestreut servieren.

Sollte vom Lamm-Suppentopf etwas übrig bleiben, könnte daraus eine Sulz bereitet werden. Auf ½ l Suppe ca. 4 Blatt eingeweichte Gelatine dazugeben, klein geschnittenes Fleisch und Gemüse (alles weich gekocht) zugeben, kräftig würzen und in eine geölte und mit Klarsichtfolie ausgelegte Form geben. Über Nacht kalt stellen.

Lammfleisch und Schafmilchprodukte

Ein gesunder Beitrag für unsere Ernährung

Lammfleisch ist ein hochwertiges Lebensmittel, liefert dem menschlichen Organismus wertvolle Nährstoffe und zeichnet sich zudem durch ein sehr schmackhaftes, zartwürziges Aroma aus. Aufgrund der naturnahen Haltung der Tiere enthält ihr Fleisch weniger Rückstände aus Tierarzneimitteln im Vergleich zu anderen Fleischsorten aus der Massentierhaltung, was sich folglich in der Qualität niederschlägt. Durch das ausgewogene Verhältnis von Eiweiß, Vitaminen und Mineralstoffen ist Lammfleisch sehr bekömmlich und kann vom Körper besonders gut verwertet werden. Durchschnittlich enthält mageres Lammfleisch 75 % Wasser, 20 % Eiweiß, 4 % Fett sowie 1 % Vitamine und Mineralstoffe. Der Energiewert hängt hauptsächlich vom Fettanteil ab und beträgt zwischen 150 und 300 kcal (627–1254 kJ) pro 100 g.

Eiweiß – Baustoff des Lebens

Mageres Lammfleisch enthält in etwa 20 % Eiweiß und hat eine biologische Wertigkeit von 80, was bedeutet, dass von 100 g aufgenommen Eiweiß 80 g in körpereigenes Eiweiß umgebaut werden können. Kombiniert man tierisches mit pflanzlichem Eiweiß, wird die Verwertbarkeit zusätzlich gesteigert. Eine Portion Fleisch und eine Portion Erdäpfel z. B. decken beinahe den täglichen Eiweißbedarf eines durchschnittlich schweren Erwachsenen.

Fett – elementarer Energielieferant

In mageren Lammfleischteilen wie etwa Rücken und Schlögel sind ca. 4 % Fett enthalten, wobei der Anteil an einfach ungesättigten Fettsäuren steigt, je magerer das Fleisch ist. Alle übrigen Teile wie Schulter, Hals, Brust und Bauch sind meist stärker mit Fett und Sehnen durchzogen. Achten Sie bei der Zubereitung Ihres Lammgerichtes auf die Wahl des richtigen Öls. Kaltgepresste Pflanzenöle sind reich an essentiellen Fettsäuren, während billige raffinierte Öle und Frittieröle aus gesättigten oder Transfettsäuren bestehen, die ernährungsphysiologisch einen wesentlich niedrigeren Stellenwert einnehmen. Sparen Sie mit üppigen Fleischsoßen und Garmethoden, die nur mit viel Fett auskommen und verfeinern Sie stattdessen Ihr Qualitätslamm mit einem guten Qualitätsöl. Bei fetteren Fleischteilen können Sie folgendermaßen vorgehen: Braten Sie Ihr Lamm langsam bei niedrigen Temperaturen, damit das Fett allmählich herausschmilzt. Es kann dann vom Fond abgeschöpft werden und das Fleisch bleibt saftig. Bei Eintöpfen lässt sich das Fett mit hineingetauchten Eiswürfeln entfernen. Das erstarrte Lammfett bleibt sofort am Eis haften.

Vitamine und Mineralstoffe – Mikronährstoffe mit großer Wirkung

Lammfleisch ist vor allem Lieferant der Vitamine B1, B6, B12 und Niacin, welche gerade im Fleisch eine besonders hohe Verfügbarkeit aufweisen. Zu achten ist jedoch speziell bei der Zubereitung und Lagerung auf einen schonenden Umgang, da besonders der Gehalt an wasserlöslichen Vitaminen durch äußere Einflüsse wie Hitze oder Sauerstoffzufuhr stark gesenkt werden kann. Meiden Sie daher Auftauen im Wasserbad, zu lange Garzeiten, langes Warmhalten oder zu lange Lagerung.

Auch die im Lammfleisch enthaltenen Mineralstoffe und Spurenelemente wie Phosphor, Magnesium, Kalium, Zink, Selen und Eisen können vom Körper sehr gut aufgenommen und verwertet werden. Kombiniert mit Gemüse oder Getreide wird die Aufnahme der einzelnen Mineralstoffe verbessert, wie z. B. bei Eisen, das durch das in Gemüse enthaltene Vitamin C noch besser resorbiert werden kann.

Eine Portion mageres Lammfleisch deckt ca. ein Drittel der empfohlenen täglichen Eisen- und Zinkzufuhr, über 100 % der empfohlenen täglichen Menge an Vitamin B12, fast die Hälfte der empfohlenen Niacin-Zufuhr, etwa ein Viertel der empfohlenen täglichen Menge an Vitamin B6 und ein Fünftel der empfohlenen Tagesration von Vitamin B1 und B2.

Außerdem ist Lammfleisch eine hervorragende Carnitinquelle. Aufgrund seiner Schlüsselposition in der Fettverbrennung ist L-Carnitin für alle Prozesse von besonderer Bedeutung, bei denen die Energiegewinnung aus Fettsäuren eine Rolle spielt.

Die thermische Eigenschaft von Lammfleisch

Laut chinesischer Ernährungslehre erhitzt Lammfleisch den Organismus sehr stark und es sollte daher auf eine vernünftige Dosierung geachtet werden. Die wärmende, dynamisierende und gesundheitsfördernde Wirkung von Lammfleisch kann bei übermäßigem Genuss eher ins Gegenteil schlagen. Wohltuend und bekömmlich wirkt Lammfleisch demnach in der kalten Jahreszeit und eignet sich besonders für kälteempfindliche Personen. Im Sommer könnte der erwärmenden Wirkung mit erfrischenden Zutaten oder Beilagen wie Sprossen, Champignons, Salat, Paradeisern, Gurken, Zitronensaft oder Joghurt entgegengesteuert werden.
Personen, die unter Gereiztheit, Schlafstörungen, innerer Unruhe, Stress oder Nervosität leiden, sollten stark wärmende Lebensmittel wie Lammfleisch und scharfe Gewürze wie Knoblauch nicht zu oft auf ihren Speiseplan setzen.

Schafmilch und Schafmilchprodukte – eine gute Alternative für Kuhmilchallergiker

Schafmilch hat im Vergleich zu anderen Milcharten einen deutlich höheren Fett- und Eiweißgehalt, was einen höheren Energiegehalt mit sich führt. Auch der Vitamin- und Mineralstoffgehalt ist deutlich höher.

Im Schnitt setzt sich Schafmilch aus 82,7 % Wasser, 5,3 % Eiweiß, 6,3 % Fett, 4,7 % Kohlenhydraten und 1 % Mineralstoffen und Vitaminen zusammen und hat einen Energiegehalt von 417kJ pro 100 g. Besonders hervorzuheben sind der hohe Calciumgehalt (ca. 50 % mehr als Kuhmilch) und ein hoher Gehalt an Orotsäure.

Aufgrund der hohen Trockenmasse und des hohen Eiweiß- und Fettgehaltes eignet sich Schafmilch hervorragend für die Verarbeitung zu Joghurt und Käse. Beim Käse stellt der Fettgehalt einen wichtigen Parameter dar, welcher meist als F.i.T. (Fett in der Trockenmasse) angegeben wird. 45 % F.i.T. bedeuten, dass von 100 Teilen Trockenmasse 45 Teile (= 45 %) Fett sind. Da Hart-, Schnitt-, Weich- und Frischkäse unterschiedliche Trockenmasseanteile aufweisen, entsprechen 45 % F.i.T. unterschiedlichen absoluten Fettgehalten bezogen auf die Gesamtkäsemasse. Bei gleichem F.i.T. ist der absolute Fettgehalt des Käses umso geringer, je mehr Wassergehalt der Käse hat!

Bezüglich des Calciumgehaltes ist zu berücksichtigen, dass vor allem Hartkäsesorten hohe Werte aufweisen, da einerseits bei der Labgerinnung im Gegensatz zur Säuregerinnung viel Calcium gebunden wird, andererseits bei Hartkäse ungefähr die doppelte Menge Milch als bei Frischkäse verarbeitet wird.

(Sandra Chum, Ernährungstrainerin)

Schafmilchprodukte

Joghurt

Der Begriff bedeutet, aus der Sprache der Thraker kommend, „verdickte Milch". Bereits um 500 v. Chr. stellten die damaligen Bewohner der Balkanhalbinsel in einem Lammfellsack Joghurt aus Schafmilch her. Milchsäurebakterien und die Körperwärme reichten aus, um diese Form eines länger haltenden Milchproduktes zu gewinnen.

Vor rund 100 Jahren glaubte der französische Bakteriologe Elias Metschnikoff im von ihm darin entdeckten „Bacillus bulgaricus" den Grund für die lange Lebenserwartung der bulgarischen Bauern gefunden zu haben. Tatsächlich ist Schafsjoghurt nicht nur ein wohlschmeckendes und vielseitiges Lebensmittel, sondern durchaus gesund. Es dominiert die besser abbaubare linksdrehende Milchsäure.

Schafskäse

Schafskäse ist seit jeher typisch für den Mittelmeerraum, schon in der Antike exportierte Griechenland den Käse nach Sizilien. Noch heute sind die meisten Käse der iberischen Halbinsel und der Mittelmeerinseln Italiens und Griechenlands Schafskäsesorten: „Feta" in Griechenland, „Roquefort" in Frankreich, „Manchego" in Spanien, „Serra" in Portugal, „Pecorino" in Italien. Der Schafskäse hat auf dem Balkan eine lange Tradition, in Mitteleuropa ist er allerdings noch immer nur ein Geheimtipp, was sowohl den Geschmack als auch die diätetische Seite betrifft. Die Geschmackspalette von heimischen Schafskäsesorten geht von zart-süßlich bis kräftig-würzig. Österreichweit liegt der jährliche Pro-Kopf-Schafskäseverbrauch mittlerweile bei rund 20 kg.

Die arabische Tradition der Schafskäseerzeugung auf Joghurtbasis wurde, vereint mit den kaukasischen Gepflogenheiten, einst von den Türken in Ost- und Mitteleuropa verbreitet. Heute noch gibt es das kaukasische Wort „brinza" in Rumänien und Ungarn oder die Bezeichnung „Brimsen" für den Schafsfrischkäse, wie man ihn beispielsweise aus der Slowakei kennt. Weltweit werden heute mehr Schafe als Kühe gemolken.

Steirisch Stew

1 Krautkopf (ca. 1 kg)
800 g Lammfleisch
6 mittlere Erdäpfel
4 Karotten
4 Kirschparadeiser
4 Zwiebeln
Kümmel
2 Knoblauchzehen
Salz
Pfeffer
3 EL Butterschmalz zum Anbraten
1 Bund Bohnenkraut, gehackt
1 l Lammfond
50 g Butter
Zitrone

Vom Kraut den Strunk entfernen, dann in feine Streifen schneiden und in kochendem Salzwasser 3 Minuten blanchieren, abgießen, mit kaltem Wasser abschrecken und danach trocken schleudern. Das Lammfleisch in mundgerechte Stücke schneiden, grobes Fett entfernen.
Erdäpfel, Karotten, Paradeiser und Zwiebeln kleinwürfelig schneiden. Kümmel und Knoblauch zusammen fein hacken. Fleisch salzen und pfeffern und in Butterschmalz von allen Seiten anbraten.
Nun alles abwechselnd in einen Topf schichten. Zuerst Kraut, dann Fleisch, Paradeiser, Erdäpfel, Karotten und Zwiebeln, abschließend mit Kraut enden. Jede Schicht mit Kümmel, Knoblauch und Bohnenkraut würzen. Mit Fond aufgießen und für 1 ½ Stunden ins 220 °C heiße Backrohr geben. Gegen Ende der Backzeit Butterflocken darauf setzen, nochmals kurz überbacken, anrichten und mit Zitrone beträufeln und mit frisch gemahlenem Pfeffer abschmecken.

Lamm-Geschnetzeltes mit Erdäpfel-Sellerie-Püree

400 g Lammfilets
Salz
Pfeffer
1 EL getrockneter Thymian
1 EL getrockneter Rosmarin
Olivenöl
2 Karotten, in Scheiben geschnitten
100 g Zuckerschoten, von Fäden befreit und halbiert
1 Bund Frühlingszwiebeln, in Ringe geschnitten
2 Knoblauchzehen, fein gehackt
⅛ l Lammfond
2 Paradeiser, gewürfelt

Püree

3 EL Butter
¼ l Milch
4 Erdäpfel, weich gekocht
1 Sellerieknolle, weich gekocht
Salz
Muskatnuss, gemahlen
½ Bund glatte Petersilie

Die parierten Lammfilets in zentimeterdicke Streifen schneiden, salzen, pfeffern und mit gestoßenem, getrocknetem Thymian und Rosmarin würzen. Olivenöl in einer Pfanne oder einem Wok erhitzen und das Fleisch darin scharf anbraten. Gemüse und Knoblauch unter ständigem Rühren dazugeben und dünsten, bis alles eine schöne Farbe bekommt. Eventuell nachwürzen. Mit Lammfond aufgießen, die Paradeiser dazugeben und knappe 10 Minuten schmoren lassen.

Inzwischen das Püree bereiten. In die zerlassene Butter die Milch einrühren, Erdäpfel und Sellerie pürieren, dazugeben und zu einer geschmeidigen Masse verrühren. Mit Salz, einer Prise Muskatnuss und Petersilie würzen.

Mit dem Geschnetzelten servieren.

Lamm-Pilaw

500 g Lammschulter, ausgelöst, großzügig pariert
Olivenöl
Butter
Salz
Pfeffer
6 Zwiebeln, in Würfel geschnitten
6 Paradeiser, in Würfel geschnitten
2 Karotten, in Streifen geschnitten
1 TL Kreuzkümmel
1 EL Thymian, gehackt
3 Fäden Safran
1 l Lammfond
250 g Rundkornreis
3 Bund Dill, gehackt
Saft einer Zitrone

40 g Mandeln
40 g Rosinen

Lammfleisch in mundgerechte Stücke schneiden und in einem großen Topf im Olivenöl-Buttergemisch anbraten, salzen und pfeffern. Zwiebeln, Paradeiser, Karotten, Kreuzkümmel, Thymian und Safran dazugeben und mit Fond ablöschen. Den Reis dazugeben und alles gut vermischen. Topf mit geschlossenem Deckel in das auf 200 °C vorgeheizte Backrohr schieben. Nach ca. 1 Stunde Dill und Zitronensaft dazugeben, wenn nötig, noch etwas Fond angießen und eine weitere halbe Stunde garen lassen.

Nach insgesamt ca. 1½ Stunden wird sich das Fleisch leicht mit dem Löffel zerteilen lassen. Das Reisgericht darf nicht zu dünn, sondern soll cremig und saftig sein.

Beim Anrichten mit Mandeln und Rosinen bestreuen.

Lammgeschnetzeltes im Erdäpfelstanitzel

700 g Lammschulter
3 EL Olivenöl
1 Zwiebel, fein geschnitten
200 g gemischtes Gemüse, tiefgekühlt
4 Speckstreifen
100 ml Lammfond
200 ml Schlagrahm
50 g kalte Butter
3 große Erdäpfel
Salz
Pfeffer

Das Lammfleisch in dünne Streifen schneiden und in heißem Olivenöl scharf anbraten, herausnehmen und warm stellen.
Im Bratensatz die Zwiebel kurz anrösten. Das Gemüse dazugeben und mitrösten, bis es leicht gebräunt ist. Mit Fond und Schlagrahm ablöschen und köcheln lassen, bis das Gemüse bissfest ist. Butter einrühren und dann das Fleisch dazugeben und durchschwenken. Die Pfanne vom Herd nehmen und einige Minuten zugedeckt ziehen lassen.
Inzwischen die Erdäpfel grob raspeln, in einem Geschirrtuch gut ausdrücken und mit Salz und Pfeffer würzen. Die Masse in 4 Portionen teilen und in einer befetteten Pfanne goldbraun backen. Dann bis zur Mitte einschneiden und ein Stanitzel formen.
Das Geschnetzelte in die mit Speckstreifen ausgelegten Stanitzel füllen und servieren.

Lammgeschnetzeltes im Wok

500 g Lammkeulenschnitzel, in Streifen geschnitten
⅛ l Weißwein
2 EL Olivenöl
Kräuter, gemischt
3 frische Chilischoten
½ Zwiebel, fein gehackt
Salz
Pfeffer
3 Paprika, rot, gelb und grün, in Streifen geschnitten
4 Frühlingszwiebeln, in Ringe geschnitten
½ Brokkoli, in Röschen
Lauch, in Ringe geschnitten
100 g Bambussprossen
1 Bund Koriandergrün
3 Knoblauchzehen
2 EL Öl

Fleisch in Weißwein, Olivenöl, Kräutern, 2 Chilischoten, Zwiebeln, Salz und Pfeffer marinieren. Gemüse in kleine Stücke schneiden. Knoblauch und Koriander klein hacken.
Das Fleisch im heißen Öl im Wok unter Rühren knusprig braten, herausnehmen und beiseitestellen.
Knoblauch ebenfalls unter Rühren im Wok anschwitzen lassen, das Gemüse dazugeben und einige Minuten wieder unter ständigem Rühren anbraten.
Das Fleisch nun wieder dazugeben, gut vermischen und schlussendlich mit gehacktem Koriander, der restlichen Chilischote, Pfeffer und Salz würzen.

Als Beilagen empfehlen sich Reis oder feine Nudeln.

Kardamom-Lamm

½ TL Kreuzkümmel
1 TL frischer Ingwer, gerieben
1 rote Chilischote, entkernt, klein gehackt
2 Knoblauchzehen, fein gehobelt
2 TL Butterschmalz
250 g Lammkeule, gewürfelt
Salz
Pfeffer
2 Paradeiser, blanchiert, gehäutet und gewürfelt
4 grüne Kardamomkapseln
½ Bund Koriandergrün

Kreuzkümmel, Ingwer und Chili mit den Knoblauchzehen im Butterschmalz anbraten. Wenn der Knoblauch Farbe angenommen hat, das in Stücke geschnittene Lammfleisch dazugeben. Das Fleisch mitbraten und erst nach einigen Minuten würzen. Die Paradeiser hinzufügen und mit der entstehenden Flüssigkeit den Bratensatz lösen. Die Körner aus den Kardamomkapseln lösen, im Mörser zerstoßen und in den letzten 5 Minuten der Schmorzeit auf das Lamm streuen.
Dann ein letztes Mal umrühren und die klein gehackten Korianderblätter auf das Fleisch streuen.

Schöpsernes mit Petersilie

300 g ausgelöstes Lammfleisch
von der Schulter
50 g Schmalz
2 Zwiebeln, gehackt
1 Knoblauchzehe, gehackt
Salz
½ TL Kümmel
2 TL Paprikapulver, edelsüß
¼ l trockener Rotwein
500 g Paradeiser
2 Bund Petersilie, gehackt

Das Fleisch waschen, trocken tupfen und in grobe Würfel schneiden. In einer großen, hohen Pfanne das Schöpserne im heißen Schmalz scharf anbraten. Die Zwiebeln dazugeben und glasig dünsten. Knoblauch, Salz, Kümmel und Paprikapulver hinzugeben und mit etwas Rotwein aufgießen. Bei schwacher Hitze 1 Stunde lang schmoren lassen, dabei nach und nach den restlichen Rotwein zugießen.

Die Paradeiser blanchieren und enthäuten, das Fruchtfleisch pürieren und zum Fleisch geben.

Nach einer weiteren halben Stunde sehr heiß servieren und die Petersilie darüber streuen. Dazu passen Erdäpfel.

Blanquette vom Lamm

1 Lammbrust
1 gelbe Rübe, gewürfelt
2 Zwiebeln, gehackt
1 Lorbeerblatt
1 Zitrone, geviertelt
Salz
Pfeffer
2 EL Butter
2 EL Mehl
½ l Lammfond
⅛ l Milch
1 Ei

Das Lammfleisch in einen Topf geben und mit kochendem Wasser bedecken. Einmal aufkochen lassen und den entstehenden Schaum sorgsam abschöpfen. Dann die gelbe Rübe, Zwiebeln, Lorbeerblatt, Zitronenviertel, Salz und Pfeffer dazugeben. Die Hitze reduzieren und ca. eine halbe Stunde langsam fertig köcheln lassen. Fleisch herausheben, würfelig schneiden und warm stellen.

In einem anderen Topf die Butter zerlaufen lassen und das Mehl unter ständigem Rühren dazugeben. Den Topf vom Feuer nehmen und nach und nach den kochend heißen Fond langsam darunter rühren. Mit Salz und Pfeffer abschmecken, die Zitronenviertel entfernen und die Soße unter ständigem Rühren zum Kochen bringen. Nach dem Abkühlen das mit Milch verquirlte Ei darunter rühren. Mit dieser Soße das Lammfleisch übergießen und servieren.

Lammlaibchen mit Paprikasoße

500 g Lammfaschiertes
100 g Schafskäse, gewürfelt
1 Ei
2 EL Semmelbrösel
1 EL Thymian
2 EL Kapern
6 eingelegte Sardellenfilets, fein gehackt
2 Knoblauchzehen, fein gehackt
1 Bund glatte Petersilie, fein gehackt
3 Schalotten, fein gehackt
2 EL Olivenöl

Soße

2 rote Paprika, gehäutet und klein geschnitten
1 Becher Crème fraîche
½ Becher Schlagrahm
Salz
Pfeffer

Das Lammfaschierte in einer Schüssel mit den Gewürzen und den anderen Zutaten vermengen, bis eine geschmeidige Masse entsteht. Laibchen formen und jeweils einen Schafskäsewürfel in die Mitte füllen. Die fertigen Laibchen in Olivenöl bei hoher Hitze anbraten, dann bei mittlerer Hitze ca. 10 Minuten von allen Seiten weiterbraten.

Für die Paprikasoße Paprika in etwas Wasser einige Minuten gar dünsten, mit Crème fraîche und Schlagrahm in einen Mixer geben und pürieren. Mit Salz und Pfeffer abschmecken.

Lammlaibchen mit der warmen Paprikasoße servieren.

Zucchini gefüllt mit faschiertem Lammfleisch und Schafskäse

4 größere Zucchini, ca. 800 g
6 EL Olivenöl
2 Zwiebeln, gehackt
3 Knoblauchzehen, gehackt
250 g faschiertes Lammfleisch
Salz
Pfeffer
Thymian
100 g Kräuterschmelzschafskäse

Zucchini waschen und halbieren. In Salzwasser 4 Minuten blanchieren, kalt abschrecken und gut abtropfen lassen.

3 EL Öl erhitzen, Zwiebeln und Knoblauchzehen goldgelb rösten, das Fleisch dazugeben, mit Salz, Pfeffer und Thymian würzen, durchrösten. Mit einem kleinen Teelöffel aus den Zucchinihälften das Fruchtfleisch herausputzen, sodass eine Rinne entsteht. Das Fruchtfleisch fein hacken und zur Fleischmasse geben. Die Hälfte des Schmelzkäses in kleinere Stücke schneiden und ebenfalls zur Fleischmasse geben, durchrühren. Die Zucchinihälften mit der Masse füllen.

In einer feuerfesten Form 3 EL Öl erhitzen und die gefüllten Zucchinihälften hineinsetzen, den restlichen Käse blättrig schneiden und darauf geben. Etwas Wasser auf den Boden der Form gießen und im vorgeheizten Rohr bei 200 °C 20 Minuten backen.

Lamm-Kohlroulade

1 Kopf Wirsingkohl
Öl
Salz
Pfeffer
1 Zwiebel, fein gehackt
1 Thymianzweig, fein gehackt
1 Rosmarinzweig, fein gehackt
1 Bund Petersilie, fein gehackt
3 Knoblauchzehen, fein gehackt
800 g Lammfaschiertes
1 Ei
3 EL Semmelbrösel
8 EL Paradeissoße

Die großen Blätter vom Kohl nehmen und blanchieren, den Rest fein schneiden und in heißem Öl anschwitzen. Salzen, pfeffern und kaltstellen. Zwiebel und Kräuter mit dem Lammfaschierten und den restlichen Zutaten vermischen, den abgekühlten, fein geschnittenen Kohl untermengen.
Das Faschierte in Portionen teilen und in die Wirsingkohlblätter einschlagen, eventuell zubinden. Von allen Seiten anbraten, mit Fond aufgießen und gar schmoren.
Mit Paradeissoße servieren.

Erdäpfelknödel mit Lammfleischfülle

750 g mehlige Erdäpfel, gekocht, gepresst
1 Ei
3 EL Mehl
2 EL Schlagrahm
1 Prise Muskatnuss
Salz

Fülle
1 kleine Zwiebel
2 Knoblauchzehen
2 EL Olivenöl
250 g Lammfaschiertes
Salz
Pfeffer
Thymian
Oregano
Petersilie
100 g Schafsweichkäse

Alle Zutaten für den Erdäpfelteig zu einem geschmeidigen Teig verkneten und rasten lassen. Die fein gehackte Zwiebel und Knoblauch in Öl goldgelb anrösten, das Lammfaschierte dazugeben. Mit Salz, Pfeffer, Thymian, Oregano und fein gehackter Petersilie würzen, nochmals alles zusammen 10 Minuten rösten und den in kleine Stücke geschnittenen Käse dazugeben. Alles nochmals gut durchmischen.
Vom Erdäpfelteig jeweils aus 2 EL Teigmasse eine gewölbte Scheibe formen, füllen, zusammenpressen und zu einem Knödel formen. Die Knödel in kochendem Salzwasser 15 Minuten langsam köcheln bzw. ziehen lassen.

Die Knödel können mit verschiedenen Salaten oder mit Sauerkraut serviert werden.

Lammburger

600 g Lammfaschiertes
Salz
Pfeffer
1 EL Petersilie, gehackt
1 TL Oregano
½ Zwiebel, fein gehackt
2 Knoblauchzehen
4 Vintschgerl (dunkle Weckerl)
1 Paradeiser, in Scheiben geschnitten
½ Zwiebel, in Scheiben geschnitten
4 Scheiben Schafschnittkäse
8 Oliven
4 Salatblätter

Das Faschierte mit Salz, Pfeffer, Petersilie, Oregano, der gehackten Zwiebel und dem Knoblauch gut mischen und zu 4 Laibchen formen. Diese in einer Pfanne von beiden Seiten zuerst scharf, dann leicht braten, bis sie innen gerade noch rosig sind.
Die Vintschgerl durchschneiden und die Innenseiten toasten. Mit den fertigen Laibchen, Paradeiser-und Zwiebelscheiben sowie mit dem Schafskäse, den Oliven und den Salatblättern belegen und zusammenklappen.

Pumpkin-Bredie (Kürbis-Lamm-Eintopf aus Kamerun)

2 Zwiebeln, gewürfelt
1 Knoblauchzehe, fein gehackt
Öl
1 kg Lammschulter, ausgelöst, gewürfelt
Salz
100 ml Weißwein
300 ml Lammfond
4 Kirschparadeiser
600 g Kürbis, gewürfelt
20 g Ingwer, fein gehackt
3 Pfefferoni, entkernt, fein gehackt
Zimt, nach Geschmack

Zwiebeln und Knoblauch in Öl andünsten. Das Lammfleisch hinzugeben, salzen und anbraten. Nach ca. 5 Minuten mit Weißwein und Fond aufgießen und zugedeckt 1 Stunde köcheln lassen. Die Kirschparadeiser und die Kürbisstücke mit Ingwer und reichlich Pfefferoni dazugeben – der Bredie soll scharf schmecken – und bei schwacher Hitze eine weitere halbe Stunde schmoren. Mit Zimt aromatisieren.

Indisches Lammcurry

700 g Lammschulter,
ausgelöst, klein gewürfelt
3 Zwiebeln, klein geschnitten
3 EL Öl
Salz
Pfeffer
1 EL Currypulver
1/8 l Lammfond
1 Apfel, klein gewürfelt
1 Banane, klein geschnitten
1 EL Rosinen
1/8 l Schafsjoghurt
1 EL Mehl
240 g Basmatireis, gekocht
30 g Mandelsplitter

Zwiebeln in heißem Öl anrösten, das Fleisch hineingeben und durchrösten. Mit Salz, Pfeffer, Currypulver würzen und mit dem Fond aufgießen. Rund eine Viertelstunde langsam köcheln lassen. Den Apfel, die Banane und die Rosinen dazugeben und nochmals 15 Minuten weiterköcheln.
Das Joghurt mit dem Mehl verrühren und das Curry damit andicken.

Mit Reis als Beilage und mit Mandelsplittern garniert servieren.

Hotch Potch (Schottischer Lammeintopf)

800 g Lammfleisch (Keule oder Schulter)
1 EL Öl
1 große Zwiebel, gehackt
1 große gelbe Rübe, klein geschnitten
1 Stange vom Stangensellerie, klein geschnitten
Salz
Pfeffer
¾ l Lammfond
200 g Karfiol, grob geschnitten
2 Karotten, klein geschnitten
150 g frische Erbsen
150 g grüner Salat, in Streifen geschnitten
2 EL Petersilie, fein gehackt

Lammfleisch bei mittlerer Hitze ca. 10 Minuten in Öl anbraten und gut anbräunen. Zwiebel, gelbe Rübe und Sellerie dazugeben, salzen, pfeffern und mit Lammfond aufgießen, aufkochen lassen und bei niedriger Hitze zugedeckt ca. 1 Stunde köcheln, gelegentlich umrühren.
Karfiol, Karotten und Erbsen zufügen und ohne Deckel weitere 30 Minuten am Köcheln halten.
Dann das Lammfleisch aus dem Topf heben, vom Knochen lösen, grob zerschneiden und etwas abkühlen lassen. Zusammen mit Salat und Petersilie zurück in den Topf geben und bei niedriger Hitze wieder kurz erwärmen.
Beim Servieren mit der Petersilie bestreuen.

Zucchini-Schafskäse-Strudel

2 kleine Zwiebeln, fein geschnitten
1 Zucchini, würfelig geschnitten
½ roter Paprika, würfelig geschnitten
1 Knoblauchzehe, fein geschnitten
Olivenöl
Oregano, Thymian, Rosmarin
Chili, fein geschnitten
100 g würziger Schafskäse, würfelig geschnitten
Salz
weißer Pfeffer
100 g Strudelteig oder
250 g Blätterteig (jeweils 1 Packung)
1 TL Mehl
⅛ l Weißwein
1 Bund Schnittlauch, fein geschnitten
125 ml Schlagrahm

Zuerst zwei Drittel der Zwiebeln, dann auch Zucchini, Paprika und Knoblauch in heißem Öl anschwitzen. Anschließend Kräuter und Chili dazugeben und vom Herd nehmen. Käse und sämtliche Gewürze untermischen.

Strudelblätter übereinander auf einem Tuch auflegen, mit Olivenöl bestreichen, hierauf die lauwarme Gemüsemasse auf das vordere Drittel verteilen, die Seiten einschlagen und zusammenrollen. Mit Olivenöl bestreichen und im Backrohr bei ca. 200 °C ca. 20 Minuten goldgelb backen.

Schafskäseschnitten

1 EL Butter
4 Zwiebeln, fein geschnitten
400 g fester Schafskäse, gerieben
200 g Selchspeck, würfelig geschnitten
3 Eier
3 EL Milch
Salz
Pfeffer
Muskatnuss
1 Bund Petersilie, fein geschnitten
300 g Pizzateig

Die Butter mit den Zwiebeln, dem Schafskäse, dem Speck, den Eiern und etwas Milch verrühren. Die Masse mit Salz, Pfeffer, Muskatnuss und Petersilie abschmecken.
Auf einem eingeölten Backblech den Pizzateig auslegen, mit der Masse bestreichen und im Backrohr bei 180 °C eine halbe Stunde backen.

Mit grünem Salat servieren.

Shepherd's Pie (Schäferpastete)

600 g Lammfaschiertes
4 Zwiebeln, fein geschnitten
2 EL Butter
4 Karotten, würfelig geschnitten
3 Knoblauchzehen
2 grüne Paprika, würfelig geschnitten
2 rote Paprika, würfelig geschnitten
1 EL Mehl
1 kg mehlige Erdäpfel, gekocht, durch eine Presse gedrückt
Salz
Pfeffer
Muskatnuss
¼ l Milch
100 g Butter
250 g Schafskäse

Zwiebeln in Butter anrösten, Faschiertes zu den Zwiebeln geben und anbraten. Dann Karotten, Knoblauch und die Paprika zum Fleisch geben. Ein wenig Mehl einrühren, damit die Masse sämiger wird. Erdäpfel mit Salz, Pfeffer und Muskatnuss würzen, mit Milch und Butter zu einem trockenen, festen Püree rühren.
Die Fleischmasse in eine gebutterte Auflaufform geben, Erdäpfelpüree darüber streichen und den geriebenen Schafskäse darüber streuen. Im heißen Backrohr backen, bis sich eine braune Kruste gebildet hat.

Den Shepherd's Pie in der Auflaufform zu Tisch bringen.

Lammstrudel mit Minze

1 Zwiebel, fein gehackt
3 EL Olivenöl
300 g Lammschulter, faschiert
2 EL Weißwein
1 Ei
1 Eidotter
Salz
Pfeffer
3 Knoblauchzehen, fein gehackt
1 Bund Minze, fein gehackt

2 Blätter fertig gekaufter Strudelteig
3 EL Butter

Zwiebel im heißen Olivenöl anschwitzen, das Lammfleisch dazugeben und anbraten, bis die Flüssigkeit ganz verdampft ist. Dann mit dem Weißwein ablöschen und weitergaren, bis die Masse trocken wird.

Das Backrohr auf 180 °C vorheizen.

Lammfleisch vom Feuer nehmen und in einer Schüssel abkühlen lassen. In der Folge Ei und Eidotter darunter mischen, salzen, pfeffern und mit Knoblauch und der Minze würzen.

Ein Strudelblatt auf ein Tuch legen und mit zerlassener Butter bestreichen, darauf das zweite legen und die Lammfüllung ca. 1 cm dick gleichmäßig aufstreichen, dabei einen ca. 4 cm breiten Rand frei lassen. Die Teigränder einfalten und dann den Strudel mit Hilfe des Tuchs aufrollen. Auf ein gefettetes Blech setzen. Den Strudel nochmals mit Butter bestreichen und im vorgeheizten Ofen 20–25 Minuten backen.
Aufschneiden und lauwarm servieren.

Als Beilagen eignen sich hervorragend Paradeisstücke; dazu passt auch eine Joghurt-Kräutersoße.

Gefülltes Pessach-Lamm (jüdisch)

1 Zwiebel, fein gehackt
2 EL Olivenöl
2 Knoblauchzehen, fein gehackt
150 g mageres Lammfaschiertes
50 g Langkornreis
Salz
Pfeffer
Kreuzkümmel, gemahlen
Kurkuma
Koriandergrün, gehackt

40 g Mandeln, gehackt
50 g Rosinen
50 g getrocknete Marillen, gehackt
1 Ei, verquirlt
1 kg Lammschulter, ausgelöst,
mit einer eingeschnittenen Tasche
1 EL Honig
150 ml Hühnersuppe
1 EL Obstessig
1 EL Pfeilwurzstärke (Arrow Root)

Für die Füllung Zwiebeln in einer mittelgroßen Pfanne bei mittlerer bis starker Hitze im Öl leicht braun anbraten. Knoblauch dazugeben. Das Lammfaschierte zugeben und 5 Minuten weiterbraten. Dabei mit dem Kochlöffel locker umrühren, bis das Fleisch nicht mehr rosa ist. Den Reis unterrühren und anlaufen lassen, bis die Reiskörner goldfarben durchscheinend sind.

Etwas heißes Wasser dazu gießen, mit Salz, Pfeffer, Kreuzkümmel und Kurkuma würzen und ohne Deckel bei mittlerer Hitze schmoren, bis der Reis weich ist. Danach abkühlen lassen und Koriander, Mandeln, Rosinen, Marillen und das verquirlte Ei einrühren.

Die Lammschulter mit Öl, Salz und Pfeffer außen und innen einreiben und die Füllung in die Taschen einbringen. Fleisch in einen Bräter legen und ca. 40 Minuten medium braten. Nach etwa 20 Minuten mit Honig bestreichen.
Das Fleisch auf eine Servierplatte legen, mit Folie bedecken und eine Viertelstunde ruhen lassen. Das Fett im Bräter bis auf 2 EL entfernen. Mit Suppe und Essig aufgießen, aufkochen und die Soße unter Rühren ein paar Minuten reduzieren. Pfeilwurzstärke in kaltem Wasser anrühren, zur Soße geben. Nicht mehr kochen, weiterrühren, bis die Soße glatt und leicht eingedickt ist.

Die Soße mit dem Lammfleisch servieren.

Lammkoteletts mit Melanzanimus (Baba Ghanoush) und Fladenbrot

2 große Melanzani
1 Zwiebel, fein gehackt
Salz
Pfeffer
1 Zitrone
2 EL Sesampaste (Tahini)
120 ml Olivenöl
8 kleine Lammkoteletts
2 Knoblauchzehen
2 Thymianzweige
12 Kirschparadeiser, geviertelt
2 EL Oliven
4 Mini-Melanzani
2 EL Petersilie, fein gehackt

3 Stücke Fladenbrot

Die großen Melanzani im Backrohr bei 170 °C ungefähr eine Dreiviertelstunde garen. Dann den Stil entfernen und enthäuten. Das Fruchtfleisch mit einer Gabel zu Mus zerdrücken. Mit den Zwiebelwürfeln, Salz, Pfeffer, Zitronensaft, Sesampaste und Öl in eine Rührschüssel geben und das Baba Ghanoush sämig rühren. Kühl stellen und durchziehen lassen.

Inzwischen die Lammkoteletts im heißen Öl anbraten. Knoblauch und Thymianzweige dazugeben und fertig braten. Das Baba Ghanoush mit den Paradeisern, Oliven, gebratenen Mini-Melanzani und gehackter Petersilie garnieren.

Mit Fladenbrot zu den Koteletts servieren.

Lammrücken mit Pilzen und Speckbohnen

Lammknochen, klein gehackt
Olivenöl
1 Zwiebel
1 Sellerieknolle, klein geschnitten
2 Karotten, klein geschnitten
2 EL Tomatenmark
12 Knoblauchzehen
Pfefferkörner
Salz
100 ml Balsamico-Essig
300 ml Rotwein
Maisstärke
800 g Lammrücken, ausgelöst, pariert
Rosmarin
Pfeffer
200 g Fisolen, gekocht
500 g Pilze (z.B. Steinpilze, Champignons), in Stücke geschnitten
4 Streifen Hamburgerspeck

Knochen in einem Bräter in Olivenöl kräftig anbraten. Zwiebeln, Sellerie und Karotten hinzugeben, ebenso Tomatenmark und Knoblauch und alles langsam miträsten. Pfefferkörner und etwas Salz dazugeben. Abwechselnd mit jeweils etwas Balsamico-Essig und etwas Rotwein ablöschen, danach mit Wasser auffüllen und gute 3 Stunden köcheln lassen. Den entstandenen Fond abseihen und auf die gewünschte Konzentration reduzieren lassen. Am Schluss die Soße mit etwas in kaltem Wasser angerührter Maisstärke binden.
Den Lammrücken in heißem Olivenöl zusammen mit etwas Rosmarin und Knoblauch von allen Seiten anbraten und mit Salz und Pfeffer würzen. Das Fleisch dann ca. 10 Minuten im vorgeheizten Backrohr bei 180 °C fertig braten.
In der Zwischenzeit Gemüse und Pilze ebenfalls in Olivenöl anschwitzen, salzen und pfeffern.
Die Erdäpfel mit einem Rosmarinzweig goldgelb braten. Die Fisolen in Speckstreifen wickeln und anbraten.

Die Pilze und die Fisolen auf einem vorgewärmten Teller anrichten, den angeschnittenen Lammrücken dazusetzen, mit etwas Soße nappieren und mit Knoblauchblättchen garnieren.

Eventuell noch Erdäpfel rund um dem Lammrücken platzieren.

Rosa gebratenes Lammkarree mit Rosmarinjus, Erdäpfelrösti, Fisolen und Austernpilzen

800 g Lammkarree, ausgelöst
2 EL bunter Pfeffer, aus der Mühle
500 g große Erdäpfel, grob geraspelt
30 g Butterschmalz
200 g Fisolen, klein geschnitten
100 ml klare Gemüsesuppe
200 g Austernpilze, in kleine Stücke geteilt
8 Kirschparadeiser, halbiert
Salz
Pfeffer
1 Rosmarinzweig
250 ml Lammfond
2 EL Butter

Das Lammkarree mit buntem Pfeffer würzen und auf beiden Seiten nicht zu heiß langsam goldbraun anbraten. Im Backrohr bei 130 °C Umluft etwa 10 Minuten weitergaren. Dann das Fleisch herausnehmen, warm stellen und rasten lassen.

Aus den Erdäpfeln kleine Rösti im Butterschmalz ausbraten. Die Fisolen ebenfalls in Butterschmalz anschwitzen und mit der Gemüsebrühe aufgießen. Die Pilze dazugeben und kurz dünsten. Dann die Paradeiser beifügen und mit Salz und Pfeffer abschmecken.

In den Bratenrückstand Rosmarin geben, mit Suppe aufgießen und erhitzen. Auf die Hälfte reduzieren und mit kalter Butter montieren.

Die rosa Koteletts mit Rösti und dem Gemüse anrichten und die Soße angießen.

Lammkoteletts mit Letscho

8 Lammkoteletts
Salz
Pfeffer
Olivenöl
Rosmarin
2 Knoblauchzehen

Letscho
3 Zwiebeln, fein geschnitten
4 grüne Paprika, fein geschnitten
3 Paradeiser, geschält und entkernt, fein geschnitten
2 Pfefferoni
Salz
Pfeffer
4 Eier, verquirlt

Für das Letscho Zwiebeln in einer großen Pfanne leicht anschwitzen, Paprika dazugeben und ca. 5 Minuten rösten lassen. Paradeiser und Pfefferoni dazugeben, salzen, pfeffern und bei kleiner Hitze garen lassen.

Die Lammkoteletts salzen und pfeffern und in heißem Olivenöl mit Rosmarin und Knoblauch nach Vorlieben braten.
Die Eier vorsichtig ins Letscho einrühren und langsam stocken lassen. Mit den Lammkoteletts anrichten.

Saltimbocca vom Lamm mit Basilikumschaum, cremiger Thymianpolenta und Rotweinzwiebeln

400 g Lammmedaillons
Olivenöl
8 Salbeiblätter
16 Scheiben Lammrohschinken

Basilikumschaum
200 ml Lammfond
140 g Schlagrahm
Salz
Pfeffer
Muskat
12 Basilikumzweige, Blätter klein geschnitten

Thymianpolenta
½ l Milch
1 Knoblauchzehe, fein gehackt
2 Thymianzweige, gerebelt
200 g Maisgrieß
40 g Butter (und weitere 20 g für die Butterflocken beim Anrichten)
40 g Parmesan, gerieben
Salz

Rotweinzwiebeln
8 rote Zwiebeln, in Ringe geschnitten
20 g Staubzucker
200 ml Rotwein
100 ml Portwein
1 Lorbeerblatt
Salz
Pfeffer
3 TL Balsamico-Essig

Die Medaillons in einer Pfanne in heißem Oli-
venöl anbraten. Dann je zwei Salbeiblätter auf die Medaillons legen und mit Schinken umwickeln. Leicht stauben und nochmals kurz braten. In einem Bräter im Backrohr warm halten.

Für den Basilikumschaum Lammfond mit Schlagrahm auf die Hälfte einkochen. Salzen und pfeffern sowie mit Muskat würzen. Basilikumblätter dazugeben und alles mit dem Stabmixer aufmixen.
Für die Polenta Milch mit Knoblauch und Thymian in einem Topf aufkochen, Maisgrieß einrühren und unter ständigem Rühren ungefähr 10 Minuten garen. Butter und Parmesan unterrühren und mit Salz abschmecken.
Für die Rotweinzwiebeln den Staubzucker karamellisieren, Zwiebelscheiben zugeben, kurz andünsten und mit dem Rot- und dem Portwein ablöschen. Jetzt das Lorbeerblatt dazugeben und die Zwiebeln weich garen. Mit Salz, Pfeffer und Balsamico-Essig abschmecken.
Beim Anrichten Polenta mit Butterflocken auf einem vorgewärmten Teller mittig platzieren. Medaillons auf die Polenta setzen. Rotweinzwiebeln herumlegen und den Basilikumschaum rundum nappieren. Mit frischem Thymian und Salbei dekorieren.

Lammrücken mit Kräuter-Senfkruste

1,2 kg Lammrücken, ausgelöst
Salz
Pfeffer
Öl zum Braten

Kräuter-Senfkruste
100 g Butter
200 g Brösel
1 Ei
2 TL Petersilie, gehackt
1 EL Kräuter (Salbei, Rosmarin, Thymian), gehackt
5 TL Estragonsenf
Öl
Rotwein
Salz
Pfeffer

Fleisch sauber parieren, würzen, in heißem Öl rundum gut anbraten, in eine feuerfeste Form geben, mit der Kräuter-Senfmasse dick bestreichen und mit 2 EL Semmelbrösel bestreuen. Im vorgeheizten Rohr bei ca. 180 °C etwa 30 Minuten braten, danach noch einige Minuten rasten lassen.

Alle weiteren Zutaten für die Kräuter-Senfkruste vermengen und mit Salz und Pfeffer abschmecken.

Für die Soße den Bratenrückstand mit etwas Wein ablöschen und kurz aufkochen. Wer möchte, kann die Soße mit einem Stück kalter Butter montieren.

Als Beilagen empfehlen sich gebratene Frühlingszwiebeln und Erdäpfel.

Lammkotelett mit Schafskäsehaube

8 Lammkoteletts (mit Knochen)
Salz
Pfeffer
Rosmarin, fein gehackt
Öl
Lammfond
150 g geschälte Paradeiser, gewürfelt
Thymian, fein gehackt

Schafskäsehaube
200 g Schafskäse, würfelig geschnitten oder gerieben
3 EL Brösel
2 EL Petersilie, fein gehackt
Salz
Pfeffer

Für die Schafskäsehaube den Käse, Bröseln, Petersilie, Salz und Pfeffer gut vermengen.

Die Koteletts mit Salz, Pfeffer und mit Rosmarin einreiben. Dann in wenig Öl beidseitig kurz anbraten und aus der Pfanne nehmen. Mit der Käsemasse bestreichen und im heißen Backrohr gratinieren.
Inzwischen den Bratenrückstand mit etwas Fond aufgießen, aufkochen lassen und die geschälten Paradeiser dazugeben. Etwas einkochen, mit Thymian, Salz und Pfeffer abschmecken und zu den gratinierten Koteletts servieren.

Dazu passen Spätzle, Braterdäpfel oder Bandnudeln.

Lammrücken im Erdäpfelmantel mit Bärlauchjus

450 g Lammrücken, ausgelöstes Karree
Öl
2 EL gemischte Kräuter, gehackt (Thymian, Petersilie, Kerbel, Majoran, Estragon)
Salz
Pfeffer
2 EL Butter
1 Ei, verquirlt
4 Erdäpfel, in dünne Scheiben geschnitten
2 EL Bärlauch, fein gehackt
200 ml Lammfond

Das Lammkarree in heißem Öl von allen Seiten anbraten, danach in den Kräutern, Salz und Pfeffer wälzen. In eine feuerfeste, gebutterte Form legen. Mit dem Ei bepinseln und die Erdäpfelscheiben schuppenartig auflegen. Erdäpfel ebenfalls mit dem Ei bestreichen, damit der Mantel auch hält. Im vorgeheizten Backrohr bei ca. 120 °C etwa 1 Stunde braten.

Inzwischen die zimmerwarme Butter mit dem Bärlauch schaumig rühren und kalt stellen. Gegen Ende der Bratzeit den heißen Lammfond mit der Bärlauchbutter montieren.

Lammrücken mit dem Bärlauchjus servieren.

Gegrillte Lammkoteletts

4 Lammkoteletts
3 EL Olivenöl
2 Knoblauchzehen, fein gehackt
1 TL Thymian, gehackt
1 TL Majoran, gehackt
1 TL Rosmarin, gehackt
Salz
Pfeffer

Aus dem Öl und den Kräutern eine Marinade rühren und die Lammkoteletts darin zumindest eine halbe Stunde einlegen. Die Stücke dann in einer Grillschale auf den heißen Grill legen und, sobald oben Saft austritt, salzen und wenden.

Als Beilage passen Folienerdäpfel mit Kräuterrahmsoße, grüne Bohnen mit Speck und eine Grillsoße aus gehackten Zwiebeln, Kräutern, Chili und in Olivenöl gedünsteten Paradeisern.

Lammkarbonadln in der Kräuterkruste

4 Lammkarbonadln
(kleine Lammkoteletts)
Salz
Pfeffer
Öl
3 Knoblauchzehen, fein gehackt
2 Eier, verquirlt
6 EL Semmelbrösel
4 TL gemischte Kräuter, gehackt
(Petersilie, Majoran, Rosmarin,
Oregano, Thymian, Bärlauch)
4 EL Butter

200 g Fisolen
4 dünne Speckscheiben

Lammkarbonadln salzen, pfeffern und mit Öl und Knoblauch einreiben.
Aus den Eiern, den Bröseln und den Kräutern eine Paste rühren und die Lammkarbonadln damit einpacken. Hierauf die Stücke auf ein gebuttertes Backblech legen und im vorgeheizten Backrohr bei 180 °C ca. 20 Minuten knusprig backen. Die Karbonadln sind dann innen gerade noch rosa.

Als Beilage passen zarte Fisolen in Speck gewickelt.

Lamm im Brotteig

800 g Lammschlögel, ausgelöst
3 EL Butter
3 EL Zitronensaft
2 EL gemischte Kräuter (Thymian, Basilikum, Oregano, Majoran)
2 Knoblauchzehen, fein gehackt
Salz
Pfeffer

Teig
400 g Mehl
200 g Butter
½ TL Backpulver
Salz
200 ml Wasser
1 Ei, verquirlt

Aus Mehl, Butter, Backpulver, Salz und dem kalten Wasser einen Teig kneten und rasten lassen.

Die Butter mit dem Zitronensaft und den Kräutern vermischen, mit Salz und Pfeffer abschmecken und den Lammschlögel damit einreiben. Dann im vorgeheizten Backrohr bei 180 °C ca. 1 Stunde braten, auskühlen lassen. Den ausgekühlten Braten in den Teig einpacken, mit Ei bestreichen und noch einmal für ca. eine Dreiviertelstunde im Rohr fertig backen.

Den Bratensaft mit Butter zu einer Soße montieren.

Mit der Soße und Oregano- und Majoranzweigen dekoriert servieren.

Lammkrone mit Speckfisolen und Erdäpfeln

1 kg Erdäpfel, in Scheiben geschnitten
Salz
Pfeffer
Butter
800 g Lammkrone
1 Bund Wurzelwerk, geschält
und grob geschnitten
250 g Fisolen, geschnitten
50 g Speckwürfel
1 EL Basilikumblätter, fein gehackt

Erdäpfel in eine flache Auflaufform legen, Salz, Pfeffer und Butterflocken darauf verteilen. Im vorgeheizten Rohr bei 220 °C eine gute Viertelstunde braten, bis sie leicht gebräunt sind.
Lammkrone würzen, ebenfalls in die Auflaufform auf die Erdäpfel legen und das Wurzelwerk dazugeben. Mit etwas Wasser im Backrohr bei 220 °C ca. 15 Minuten braten.
Inzwischen die Fisolen in Salzwasser weich kochen, anschließend abgießen und mit den gerösteten Speckwürfeln in einer Pfanne durchschwenken.

Lammkrone aufschneiden, mit dem Wurzelgemüse und den Fisolen auf einer vorgewärmten Platte anrichten. Dazu die gebratenen Erdäpfel mit Basilikum bestreut servieren.

Lammkrone mit Letscho-Zucchinigemüse und Polentagugelhupf

800 g Lammkrone, zugeputzt
2 EL Estragonsenf
Pfeffer, grob gemahlen
Olivenöl
12 Knoblauchzehen, geschält
200 g Wurzelgemüse, gewürfelt
⅛ l Rotwein
¼ l Lammfond
1 Rosmarinzweig, fein gehackt
1 Bund Thymian, fein gehackt

Letscho-Zucchinigemüse
1 Zwiebel, in Ringe geschnitten
Olivenöl
je 1 roter, grüner und gelber Paprika, gewürfelt
1 Zucchini, gewürfelt
1 kleine Dose Paradeiser, gewürfelt
125 ml Rindsuppe
Salz
Pfeffer
3 Knoblauchzehen, gehackt

Polentaguglhupf
200 ml Wasser
200 ml Milch
2 EL Butter
1 Prise Salz
100 g Maisgrieß
Pfeffer
Muskatnuss
3 Eier

Fleisch mit Senf und grob gemahlenem Pfeffer einreiben und in Olivenöl auf beiden Seiten anbraten, danach aus der Pfanne nehmen und in Alufolie gewickelt rasten lassen. Knoblauchzehen und Wurzelgemüse im Bratenrückstand anrösten, mit Wein und Fond ablöschen und mit einem Teil der Kräuter abschmecken. Das Gemüse weich garen, dann mit dem Stabmixer pürieren und warm stellen. Das Fleisch im auf 180 °C vorgeheizten Rohr fertig garen.

Für das Letscho-Zucchinigemüse die Zwiebel in Olivenöl anschwitzen, die Paprikastücke dazugeben und kurz mitrösten. Danach die Zucchini und die Paradeiser dazugeben. Kurz anschwitzen lassen und mit der Rindssuppe aufgießen. Mit Salz, Pfeffer, gehacktem Knoblauch und den restlichen Kräutern abschmecken.

Für die Polenta Wasser mit Milch, Butter und einer Prise Salz aufkochen. Dann zurückschalten und den Maisgrieß dazugeben. Unter Rühren ca. 10 Minuten weiterkochen, mit Salz, Pfeffer und Muskatnuss abschmecken. Vom Herd nehmen und etwas abkühlen lassen.

Inzwischen Eiklar zu Schnee schlagen und die Dotter in die Polentamasse rühren. Eischnee unterheben und die Masse in die ausgebutterte Gugelhupfform füllen. Im vorgeheizten Backrohr bei 160 °C im Wasserbad ca. 25 Minuten backen.

Die Lammkrone mit dem Letscho-Zucchinigemüse, dem Polentagugelhupf und der Wurzelsoße anrichten.

Lammmedaillons im Weinblatt mit Joghurt-Minz-Soße und Bulgur

8 Lammmedaillons, pariert
Salz
Pfeffer
Öl
8 eingelegte Weinblätter
200 g Schafskäse

Soße
1 Becher Schafsjoghurt
1 Spritzer Zitronensaft
Salz
10 Minzblätter, fein geschnitten

Bulgur
200 g Bulgur
1 Zwiebel, gehackt
40 g Butter
3 Pfefferoni, entkernt und fein geschnitten
3 Paradeiser, enthäutet, entkernt und gewürfelt
1 TL Salca (Würzpaste aus Paprika und Chili, ersatzweise Ajvar oder Sambal oelek)
¾ l Gemüsebrühe
Salz
3 EL Petersilie, fein gehackt

Lammmedaillons salzen, pfeffern und von allen Seiten kurz scharf anbraten. Die ausgebreiteten Weinblätter mit dem Schafskäse sowie den angebratenen Lammmedaillons belegen, zusammenrollen und in einer feuerfesten Kasserolle im vorgeheizten Backrohr bei 200 °C ca. 12 Minuten garen.

In der Zwischenzeit Joghurt mit Zitronensaft, Salz und Minze gut verrühren. Dann das Ganze ziehen lassen.

Für den Bulgur die Zwiebel in Butter glasig anschwitzen, die Pfefferoni und die Paradeiserwürfel mitdünsten. Bulgur und Salca dazugeben, mit der Gemüsebrühe auffüllen und gut verrührt aufkochen. Bei reduzierter Hitze ca. 15 Minuten im offenen Topf köcheln. Dann zugedeckt rund eine halbe Stunde am Herdrand quellen lassen. Salzen und die Petersilie untermengen. Auf ein Blech streichen und trocknen lassen.

Die Lammmedaillons im Weinblatt auf vorgewärmten Tellern anrichten, mit einem Ausstecher Bulgur in Formen ausstechen und ebenfalls anrichten. Die Joghurt-Minz-Soße wird extra gereicht.

Lammfilet mit Spargel-Erdbeer-Gemüse

4 Lammfilets
1 kg frischer Spargel, geschält, gewaschen
100 g Schafsfrischkäse
Salz
Pfeffer
2 EL Öl
1 EL Butter
50 g Weizenmehl
2 EL Milch
2 EL Küchenkräuter, gemischt, gehackt
etwas Zitronensaft
250 g frische Erdbeeren,
gewaschen und geviertelt

Den Spargel in kochendem Salzwasser ca. 5 Minuten garen, herausnehmen und abtropfen lassen. Dann in ca. 5 Zentimeter lange Stücke schneiden.

Lammfilets seitlich einschneiden, damit eine kleine Tasche entsteht, mit einem Löffel mit Schafsfrischkäse füllen und mit einem Zahnstocher verschließen. Die Filets salzen und pfeffern. Die gefüllten Filets nun in heißem Öl beidseitig anbraten. Anschließend im auf 180 °C vorgeheizten Backrohr weitere 5 Minuten garen. Bei ausgeschaltetem Herd das Fleisch weitere 10 Minuten rasten lassen.

Inzwischen aus Butter, Mehl, Milch und etwas Spargelfond eine Béchamelsoße bereiten. Nach Belieben die Küchenkräuter einrühren und mit Salz, Pfeffer und Zitrone abschmecken. In die Soße den Spargel und die Erdbeeren geben. Kurz erwärmen.

Die Lammfilets schräg aufschneiden und auf dem Spargel-Erdbeer-Gemüse anrichten.

Lammmedaillons auf Honig-Soße mit Eierschwammerln und Buchweizen-Erdäpfel-Krapferl

400 g Lammrückenfilet,
küchenfertig, in Stücke geschnitten
Salz
Pfeffer
3 EL Butterschmalz

Soße
3 Schalotten, fein geschnitten
¼ l Rotwein
¼ l Lammfond
1 Becher Schlagrahm
1 EL Honig
40 g Rosmarin, Estragon, Schnittlauch,
gemischt und fein gehackt

400 g Eierschwammerl

Krapferl
600 g mehlige Erdäpfel
3 Eier
40 g Buchweizen
Petersilie, fein gehackt
3 EL Butterschmalz

2 Lavendelzweige zum Dekorieren

Die Lammmedaillons mit Salz und Pfeffer würzen und im Butterschmalz auf beiden Seiten kurz anbraten. Danach im auf 180 °C vorgeheizten Backrohr 10 bis 15 Minuten garen.

Die Hälfte der Schalotten im verbliebenen Bratfett glasig anschwitzen, mit Rotwein ablöschen und mit Lammfond aufgießen. Schlagrahm, Honig und die frischen Kräuter in die Soße einrühren und etwas reduzieren lassen.

Die andere Hälfte der Schalotten glasig anschwitzen, Eierschwammerl darin schwenken und gar dünsten. Mit Salz und Pfeffer abschmecken.

Erdäpfel durch die Presse drücken, Eier, Buchweizenmehl und gehackte Petersilie untermengen und gut verkneten. Dann die Masse zu Krapferl formen und in Butterschmalz von beiden Seiten leicht braun anbraten.

Die Medaillons mit Kräuterzweigen garniert mit der Soße anrichten, mit den Eierschwammerln und den Buchweizen-Erdäpfel-Krapferln servieren.

Lammchops mit gegrilltem Gemüse

8 Lammchops
2 Knoblauchzehen
je 2 Thymian- und Rosmarinzweige
2 Chilischoten
Olivenöl

Gemüse

1 Zucchini, in dünne Scheiben geschnitten
je 1 roter, grüner und gelber Paprika
1 Melanzani, in dünne Scheiben geschnitten
1 Fenchel, klein geschnitten
2 Paradeiser, klein geschnitten

Soße

3–4 Safranfäden, in 1 TL Wasser eingeweicht
3 EL Sauerrahm
2 TL Zitronensaft
3 Knoblauchzehen, gepresst
Salz, Pfeffer

Die Lammchops über Nacht in eine Marinade aus Knoblauch, Thymian, Chili, Rosmarin und Olivenöl legen.
Lammchops und das Gemüse auf den heißen Grill legen und alles beidseitig braun grillen.

Den Sauerrahm mit den eingeweichten Safranfäden, Zitronensaft und Knoblauch verrühren und mit Salz und Pfeffer abschmecken.

Die Lammchops mit dem gegrillten Gemüse und der Soße servieren.

Lammrückensteak mit Frühlingsgemüse und Kräuterpolenta

8 Lammrückensteaks (mit Knochen)
Rosmarin
Salz, Pfeffer
Butter

Gemüse
je 1 gelber und roter Paprika,
in grobe Stücke geschnitten
1 Zucchini, in grobe Stücke geschnitten
Olivenöl
Knoblauch, fein gehackt
Rosmarin, gehackt
Salz, Pfeffer

Kräuterpolenta
500 ml klare Gemüsesuppe
6 EL Olivenöl
1 Bund Petersilie, fein gehackt
150 g Maisgrieß

Die Gemüsebrühe mit etwas Olivenöl aufkochen und dabei die Petersilie einrühren. Dann Maisgrieß mit dem Schneebesen einrühren. Unter Umrühren noch eine Viertelstunde bei kleiner Hitze köcheln lassen. Hierauf die Polentamasse auf ein Backblech streichen und im auf 250 °C vorgeheizten Backrohr für ca. 5 Minuten backen und anschließend auskühlen lassen.
Die Lammrückensteaks mit Rosmarin, Salz und Pfeffer würzen und in Butter beidseitig kurz braten, sodass das Fleisch innen noch leicht rosa ist.
Paprika und Zucchini in heißem Öl knackig braten, mit Knoblauch, Rosmarin, Salz und etwas Pfeffer würzen.
Aus der Polentamasse Taler ausstechen und in Olivenöl goldbraun braten.

Lammrückensteaks mit dem knackigen Gemüse und der Kräuterpolenta anrichten.

Lamm mit Kapernsoße und Erdäpfelpüree

½ l Lammfond
3 Zitronen
2 Lorbeerblätter
2 TL schwarze Pfefferkörner
600 g Lammfilets
2 Fenchelknollen, in Streifen geschnitten
3 Karotten, fein gerieben
2 EL Kapern
1 Bund Zitronenbasilikum,
davon 1 EL gehackt

Lammfond mit Zitronensaft, Lorbeerblättern und Pfefferkörnern aufkochen. Das Lammfleisch mit dem Fenchel hineinlegen und ca. eine halbe Stunde weich kochen. Fleisch und Gemüse herausnehmen und warm stellen.
Den Fond mit den Karotten auf ein knappes Drittel einkochen. Kapern darin erwärmen. Lorbeerblätter herausnehmen, mit Zitronenbasilikum würzen.

Erdäpfelpüree

250 g blaue Erdäpfel
⅛ l Milch
3 EL Butter
Salz
Pfeffer
Muskatnuss

Für das Erdäpfelpüree die Erdäpfel kochen, durchpressen und mit heißer Milch und Butter zu einem cremigen Püree verrühren und mit Salz, Pfeffer und Muskatnuss würzen.

Die aufgeschnittenen Lammfilets mit der Kapernsoße und blauem Erdäpfelpüree anrichten.

Halusky (Slowakische Erdäpfelnockerl mit Speck und Brimsen)

600 g Erdäpfel
300 g glattes Mehl
Salz
100 g Lammspeck
300 g Brimsen
Petersilie, gehackt, zum Garnieren

Erdäpfel schälen und fein reiben. Mit Mehl, Wasser und Salz zu einem glatten Teig verarbeiten. Teig entweder durch ein Spätzlesieb in kochendes Salzwasser drücken oder, nach „slowakischer Art", vom Brett mit dem Messer Nocken schneiden und ins Wasser setzen. Man kann die Nockerl natürlich auch mit einem Löffel formen. Nockerl kurz kochen, bis diese an die Oberfläche aufsteigen, herausnehmen, abtropfen lassen und mit kaltem Wasser übergießen.

Den klein geschnittenen Speck in einer Pfanne anbraten. Nockerl und Brimsen mit dem knusprigen Lammspeck samt Fett gut vermischen.

Mit Petersilie garnieren und sofort servieren.

Lammspieß auf gedünstetem Fenchel

400 g Lammrückenfilet
Salz
Pfeffer
je 1 roter und gelber Paprika
12 Scheiben Hamburgerspeck
4 Fenchelknollen
1 EL Olivenöl
8 ungeschälte Knoblauchzehen

60 ml Weißwein
Saft von ½ Zitrone
Zitronenthymian
Rosmarin
Olivenöl zum Braten
1 Rosmarinzweig

Holzspieße

Lammrücken in 2–3 cm lange Stücke schneiden, mit Salz und Pfeffer würzen.
Paprika halbieren, entkernen, flachdrücken und in Stücke schneiden, die in etwa der Größe der Fleischstücke entsprechen. Die Holzspieße vor dem Grillen eine halbe Stunde wässern. Fleisch mit Speck umwickeln und abwechselnd mit dem Paprika auf die Spieße stecken.
Den Fenchel waschen und samt dem Strunk achteln. Fenchel in eine geölte Form einlegen. Knoblauchzehen nur andrücken, Weißwein, Zitronensaft, einige Zweige Zitronenthymian, Rosmarin und Olivenöl zugeben. Zugedeckt im auf 200 °C vorgeheizten Rohr etwa 10 Minuten dünsten.
In einer Pfanne etwas Olivenöl nicht zu stark erhitzen und die Spieße langsam mit einem Rosmarinzweig rosa braten. Kurz vor Ende der Bratzeit noch einige Zweige Zitronenthymian zugeben.
Fenchel anrichten und die Spieße darauf legen, mit Zitronenthymian garnieren.

Schaschlikspieße mit Paradeissoße (Schwarzes Meer bis Mittlerer Osten)

600 g Lammfilet, gewürfelt
12 frische Lorbeerblätter
3 Paprika, gelb, grün und rot
1 große rote Zwiebel
1 große weiße Zwiebel
Salz
Pfeffer
Olivenöl
Holzspieße

Paradeissoße

1 Dose (400 g) Paradeiser, gewürfelt
Salz
1 TL Zucker
1 scharfe Chilischote
½ Bund Petersilie

Das Fleisch in Würfel schneiden. Diese abwechselnd mit Lorbeer, Paprika, roter und weißer Zwiebel auf Schaschlikspieße stecken, salzen und pfeffern und in einer beschichteten Pfanne in Olivenöl von allen Seiten anbraten.

Für die Paradeissoße die Chilischote und Petersilie hacken. Die Dosenparadeiser mit einem Erdäpfelstampfer zerdrücken und mit Salz, Zucker, Chili und Petersilie würzen.

Die Soße zu den Fleischspießen in die Pfanne geben und alles 10 Minuten köcheln lassen.

Die Schaschlikspieße mit Baguette oder Fladenbrot servieren.

Lammhaxe auf Kraut mit Speck und Rosmarinsoße

4 Lammhaxen, bratfertig
Salz
Pfeffer
1 Knoblauchzehe, fein gehackt
200 g Speck, gewürfelt
2 Zwiebeln, gewürfelt
⅛ l Rotwein
Maisstärke
2 Rosmarinzweige
2 EL Butter
1 kleiner Krautkopf,
in feine Streifen geschnitten, blanchiert
8 Kirschparadeiser
2 Becher Schlagrahm

Die Lammhaxen mit Salz, Pfeffer und Knoblauch einreiben und im Bräter sehr heiß anbraten.
Die Hälfte des Specks und der Zwiebeln dazugeben. Kurz mitbraten, dann mit dem Rotwein ablöschen und bei 150 °C im Backrohr ca. 1 Stunde garen. Warm stellen.
Bratenfond durchseihen und mit in etwas kaltem Wasser angerührter Maisstärke ein wenig eindicken, einen Rosmarinzweig dazugeben und mit einem weiteren Zweig (fein gehackt) abschmecken.
Den restlichen Speck und die Zwiebeln in Butter andünsten, Kraut dazugeben und mit Schlagrahm aufgießen. Mit Salz und Pfeffer abschmecken.
Das Kraut salzen und bissfest garen. Lammhaxen in der Soße mit dem Kraut mit gebratenen Speckwürfeln und Kirschparadeisern garniert servieren.

Lammhaxe mit Käferbohnen

4 Lammhaxen
Pfeffer, frisch gemahlen
1 EL Olivenöl
1 Bund Suppengrün, klein geschnitten
2 Zwiebeln, fein gehackt
2 Knoblauchzehen, fein gehackt
250 g Käferbohnen, eingeweicht, kernig gekocht
1 l Gemüsebrühe
300 g Fisolen
Salz
2 EL Butter
1 Bund Bohnenkraut

Lammhaxen kalt abspülen und trocknen, mit Pfeffer würzen. In heißem Öl kräftig von beiden Seiten anbraten, herausnehmen und in eine Bratreine geben. Suppengrün, Zwiebeln und Knoblauch ebenfalls im heißen Fett anbraten und zum Fleisch geben. Jetzt die Käferbohnen mit der Brühe dazugeben. Alles mit Alufolie abdecken und im vorgeheizten Backrohr bei 200 °C ca. 2 Stunden schmoren lassen.

Fisolen bissfest kochen, in etwas Butter schwenken, mit Salz und Pfeffer würzen und mit Bohnenkraut bestreut zu den Lammhaxen servieren.

Lammhaxe mit Fisolen und Petersilienerdäpfeln

4 Lammhaxen
1 EL Olivenöl
1 Bund Suppengrün
2 Zwiebeln
2 Knoblauchzehen
1 l Lammfond
Salz
Pfeffer

250 g Fisolen
1 TL Bohnenkraut
4 Speckscheiben

250 g Erdäpfel
Butter
Petersilie

Lammhaxen in einer Kasserolle in heißem Öl von allen Seiten gut anbraten, Suppengrün putzen und klein schneiden. Zwiebeln und Knoblauch ebenfalls klein schneiden. Alles separat in heißem Öl anbraten und zum Fleisch geben. Mit dem Lammfond aufgießen, die Kasserolle mit Alufolie abdecken und die Stelze im vorgeheizten Backrohr bei 200 °C ca. 2 Stunden schmoren lassen.
Inzwischen die Fisolen putzen und mit Bohnenkraut in Salzwasser bissfest kochen. In 4 Bündchen teilen und jeweils mit Speck umwickelt am Ende der Garzeit zum Fleisch geben.
Die Erdäpfel kochen, schälen und noch warm in Butter und Petersilie schwenken.

Die Stelze mit Salz und Pfeffer würzen und mit den Bohnen und den Erdäpfeln servieren.

In Buttermilch gedünstete Lammstelze mit Kirschen

4 Lammstelzen/Haxen (oder Hals, Schulter)
Salz
Zitronenabrieb
1 weiße Zwiebel
2 Knoblauchzehen
250 g Edelausternpilze
100 g Staudensellerie
2 cm frischer Ingwer
30 ml Olivenöl
1 l Buttermilch
500 ml Wasser + 10 ml für Kirschen
40 g Butter
Salz
8 Kirschen
10 g Zucker
10 g Speisestärke

125 g Crème fraîche
Cayennepfeffer
1 Bund Bergbohnenkraut
(oder Zitronenthymian)

Stampfkartoffeln
800 g festkochende Kartoffeln
1 Schalotte
100 g Butter
40 ml weißer Balsamessig
10 g frischer Schnittlauch (oder andere
Gartenkräuter, z.B. Majoran, Oregano)

Kartoffelknusper
100 g festkochende Kartoffeln
500 ml Tafelöl (hitzebeständiges Pflanzenöl)

Dieses Rezept stammt vom Haubenkoch Peter Troißinger jun., vor einigen Jahren der jüngste internationale Küchenmeister der Steiermark, und findet sich auch in seinem Kochbuch „Zeit für Fleisch!“. Mittlerweile führt er den elterlichen Betrieb Malerwinkl in Hatzendorf, ausgezeichnet mit 3 Hauben.

Backrohr auf 140 °C Umluft vorheizen. Lammstelzen salzen und mit Zitronenabrieb einreiben. Zwiebel und Knoblauch schälen und fein würfeln, Pilze putzen und schneiden (Reste aufbewahren). Staudensellerie in schmale Streifen, Ingwer in feine Scheiben schneiden. Pilzreste, Knoblauch und Ingwer in einen Bräter im Olivenöl anschwitzen, mit Buttermilch und Wasser aufgießen. Lammstelzen einlegen und mit dem Deckel zugedeckt ca. 1 ½ – 2 Stunden im Backrohr dünsten.

In der Zwischenzeit Kartoffeln für die Stampfkartoffeln kochen und schälen.
Warm stellen und erst kurz vor der Weiterverarbeitung mit dem Kartoffelstampfer oder mit zwei Gabeln grob zerteilen.

Geschnittene Edelausternpilze und Staudensellerie mit 20 g Butter in einer Kasserolle kurz sautieren, salzen.
Kirschen halbieren und entsteinen. 10 g Zucker und 10 ml Wasser zu einem hellen Karamell aufkochen. Kirschen zum Karamell geben, kurz

abschwenken, bis sie Flüssigkeit lassen, und die restliche Butter in kleinen Stücken einrühren.

Gedünstete Lammstelzen aus der Flüssigkeit nehmen und auslösen. Soße durch ein Sieb passieren. Die Speisestärke mit etwas kaltem Wasser verrühren, zur Soße geben und einmal aufkochen lassen. Mit Créme fraîche und 40 ml Olivenöl verfeinern und mit Salz und Cayennepfeffer abschmecken. Bergbohnenkraut oder Zitronenthymian zupfen und zugeben, ausgelöste Lammstelze wieder in die Soße geben und warmstellen.

Kartoffeln für den Kartoffelknusper schälen und fein würfeln, 500 ml Öl in einem hohen Topf auf 160 °C erhitzen und Kartoffelwürfel zugeben. Unter ständigem Rühren goldgelb frittieren. Auf Küchenpapier abtropfen lassen und salzen.

Schalotte schälen und fein würfeln. Butter in einem Topf braun werden lassen, Schalottenwürfel zugeben, kurz anschwitzen und mit Essig ablöschen. Über dem Kartoffelstampf verteilen, salzen und alles grob vermischen. Geschnittene Gartenkräuter zugeben.

Tipp

Die Säure der Buttermilch ist nicht nur ein geschmackliches Extra, sie lockert obendrein das Gewebe und macht das Fleisch extra zart.

Glasierte Lammleber mit Kirschäpfeln

2 Äpfel, geschält, Kerngehäuse entfernt, in Scheiben geschnitten
3 EL Zucker
1 EL Zitronensaft
750 g Lammleber, in ca. 1 cm dicke Scheiben geschnitten
6 EL Olivenöl
1 Zwiebel, in Ringe geschnitten
Salz
Pfeffer
Majoran
4 TL Kirschkompott oder alternativ Preiselbeermarmelade

Die Apfelscheiben in eine Pfanne geben, etwas Wasser dazu gießen und mit Zucker und Zitrone nicht zu weich dünsten.
Die Leberscheiben in nicht zu heißem Öl auf beiden Seiten anbraten und fertig garen. Die Leber sollte noch rosa sein. Die Zwiebelringe separat kross anrösten.
Die gebratene Leber mit Salz, Pfeffer und Majoran würzen.

Apfelscheiben mit Kirschkompott und der Leber sowie den Zwiebelringen anrichten. Anstatt Kirschkompott passt auch Preiselbeermarmelade vorzüglich.

Lammhirn auf gemischten Blattsalaten

400 g Lammhirn, ausgewässert
und von den Häutchen befreit
Salz
Pfeffer
3 EL Butter

Salat und Marinade
200 g gemischte Blattsalate, gewaschen
Essig
Öl
Salz
Pfeffer
1 Becher Schafsjoghurt
16 Kirschparadeiser
4 TL Schnittlauch, fein geschnitten

4 Scheiben Toastbrot

Das Lammhirn in ca. 1 cm dicke Scheibchen schneiden, salzen und pfeffern. Dann in nicht zu heißer Butter auf beiden Seiten anbraten und unter ständigem Wenden ca. 6 Minuten fertig garen.

Aus Essig, Öl, Salz, Pfeffer und Joghurt für den Salat eine Marinade bereiten. Den Salat mit den Kirschparadeisern anrichten, Marinade darüber gießen und mit dem Schnittlauch garnieren.

Das Lammhirn auf dem Salat anrichten und mit dem getoasteten Brot servieren.

Lammnieren mit Salbei und Pilzen

8 Lammnieren, geputzt und halbiert
1 l Buttermilch
Salz
Pfeffer
2 EL Butter

1 EL Zwiebel, fein gehackt
1 Knoblauchzehe, fein gehackt
Öl
1/8 l trockener Weißwein
½ Becher Schlagrahm
500 g Pilze (nach Saison), in kleine Stücke geschnitten
1 EL Salbei, gehackt
1 EL Thymian, gehackt
Salz
Pfeffer
1 TL Kräutersenf

Lammnieren 2 Stunden in Buttermilch einlegen, herausnehmen, trocknen und klein schneiden. Salzen, pfeffern und in heißer Butter ca. 4 Minuten sanft braten, dann herausnehmen und warm stellen.
Zwiebel und Knoblauch in heißem Öl kurz anschwitzen, mit Wein ablöschen und einkochen lassen. Schlagrahm, Pilze, Salbei und Thymian dazugeben und weitere 2 Minuten kochen, mit Salz, Pfeffer und Senf abschmecken.

Lammnieren mit der Pilzsoße anrichten und mit Salbeiblättern garniert servieren.

Omelett mit Lammnierndln

6 Lammnieren
Mehl
2 Zwiebeln, fein gehackt
6 EL Olivenöl
4 EL Sauerrahm
Salz
Pfeffer
3 Eier, schaumig geschlagen

Die gewaschenen Nierndln blättrig schneiden und leicht in Mehl tauchen.
Die Zwiebeln im heißen Öl anrösten, die Nierndln dazugeben, pfeffern und ca. 10 Minuten weiterrösten lassen. Den Sauerrahm dazugeben, eventuell mit Wasser aufgießen. Erst zum Schluss salzen und pfeffern.
Die Eier etwas salzen, Öl in der Pfanne erhitzen, die Eiermasse hineingeben und anbräunen lassen, die obere Seite sollte noch hell sein. Darüber nun die dickliche Nierndlmasse gießen und das Omelett zusammenklappen.

Mit grünem Salat servieren.

Lammleber mit Selleriepüree

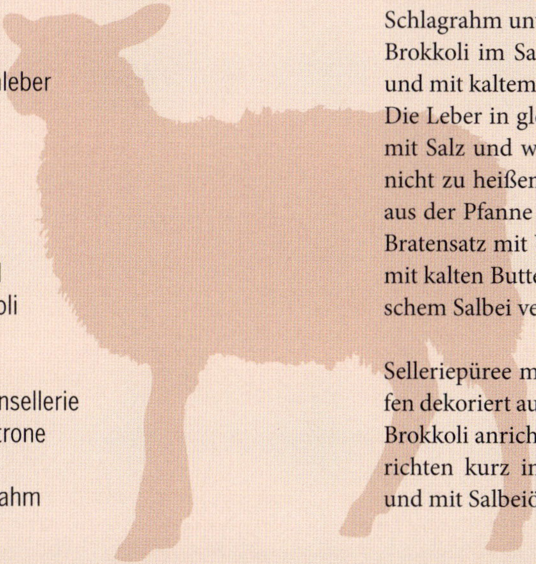

600 g Lammleber
Salz
Pfeffer
Öl
Butter
Rotwein
2 EL Salbeiöl
200 g Brokkoli

Püree
750 g Knollensellerie
Saft von 1 Zitrone
Salz
2 EL Schlagrahm

Den geschälten Sellerie in kleine Würfel schneiden und mit wenig Wasser und dem Zitronensaft weich dünsten. Salzen, pürieren und dabei Schlagrahm unterrühren.
Brokkoli im Salzwasser nicht zu weich kochen und mit kaltem Wasser abschrecken.
Die Leber in gleichmäßige Scheiben schneiden, mit Salz und wenig Pfeffer würzen, langsam in nicht zu heißem Öl oder Butter bissfest braten, aus der Pfanne nehmen und warm stellen. Den Bratensatz mit Wasser oder Rotwein ablöschen, mit kalten Butterflocken montieren und mit frischem Salbei verfeinern.

Selleriepüree mit feinen frittierten Selleriestreifen dekoriert auf vorgewärmten Tellern mit dem Brokkoli anrichten, Leberscheiben vor dem Anrichten kurz in Butter schwenken, dazugeben und mit Salbeiöl begießen.

Lammleberparfait

200 g Lammleber
125 g Butter
1 TL getrockneter oder
1 EL frischer Majoran, fein gehackt
2 EL Apfelbrand (Calvados)
oder 1 EL Cointreau
Salz
Pfeffer

Lammleber in daumengroße Stücke schneiden und in ein wenig Butter kurz anbraten.

Die Hälfte der Butter zergehen lassen und mit der restlichen festen Butter, der Leber und den übrigen Zutaten zu einer cremigen Masse rühren. In eine Terrinenform oder in mehrere ausgebutterte Förmchen geben, mit Alufolie abdecken und bei 150 °C ungefähr 75 Minuten im Wasserbad pochieren.

Als Geschmacksvariante kann man auch einen Orangenlikör nehmen und das Parfait mit Orangenscheiben belegen.

Beim Servieren entweder die Parfaits aus den kleinen Förmchen im Ganzen präsentieren oder, wenn Sie eine große Terrinenform verwendet haben, stürzen, in Scheiben schneiden und mit Pumpernikelbröseln oder grob gehackten Pistazien bestreuen.

Gebratenes Lammbries auf Blattsalat

200 g Lammbries
Majoran
Lorbeerblatt
Petersilie
Salz
Pfeffer
50 g Butter
200 g Blattsalat, gemischt
Kräutervinaigrette

Das Lammbries am besten über Nacht gut wässern.

Lammbries mit den Gewürzen in kaltem Wasser aufstellen und ca. eine halbe Stunde köcheln lassen. Nach dem Abkühlen die Häutchen abziehen und das Lammbries in ca. 1 cm breite Scheibchen schneiden. Diese dann in Butter beidseitig leicht anbraten.

Blattsalat mit Kräutervinaigrette anrichten – gegebenenfalls noch Paradeiserstückchen, gebratene Zwiebelringe und klein geschnittene Radieschen untermischen – und das Lammbries darauf verteilen.

Lammbeuschel mit Rahm und Bärlauch

Dieses Gericht stammt, wie bereits der Lamm-Suppentopf (Pot au Feu), vom Haubenkoch Willi Haider.

1 Lammbeuschel (Lunge und Herz)
2 Karotten
¼ Sellerieknolle
1 Zwiebel
2 Lorbeerblätter
80 g Butterschmalz
50 g glattes Mehl
Salz
Senf (Dijonsenf)
1 Prise Paprikapulver, edelsüß
1 EL Essig (Gurkerlessig)
10 Bärlauchblätter
⅛ l Schlagrahm

Das Lammbeuschel sauber waschen, mit Karotten, Sellerie, Zwiebel und Lorbeerblättern kochen, das gekochte Lammbeuschel sofort in kaltem Wasser abkühlen lassen, den Sud abseihen, das kalte Beuschel erst blättrig und dann feinnudelig schneiden.

Aus Butterschmalz und Mehl eine leichte Einbrenn machen bzw. das Mehl im Butterschmalz leicht bräunen, mit kaltem Beuschelfond aufgießen, mit Salz, Senf, Paprika, Essig und fein gehacktem Bärlauch abschmecken, aufkochen lassen, geschnittenes Beuschel zugeben und mit dem Schlagrahm vollenden.

Als Beilage eignen sich eine Polentascheibe bzw. Sterzrolle oder Semmelknödeln.

Beim Beuschel befinden sich oft die Milz und evtl. auch das Bries. Verwenden Sie die Milz z. B. für eine Milzschnittensuppe, das Bries ist gebacken oder gebraten köstlich.

Haggis (Schottischer gefüllter Schafsmagen)

je 1 Lammherz, Lammlunge
und Lammleber, pariert
2 mittelgroße Zwiebeln, fein gehackt
1 TL Salz
½ TL Pfeffer
1 TL Muskat
½ TL Muskatblüte
100 g Hafergrütze
100 g Talg, fein gehackt
250 ml Lammfond
1 Schafsmagen,
gut geputzt und gewaschen

Lamminnereien in einem Topf mit Wasser bedeckt aufkochen, dann die Hitze reduzieren und ca. 1 Stunde köcheln lassen. Danach das ausgekühlte Fleisch fein hacken. Mit Zwiebeln, Salz, Pfeffer, Muskat, Muskatblüte, Hafergrütze, Talg und Lammfond gut vermischen.

Den Schafsmagen zurechtschneiden und die Masse in den Magen stopfen. Hierauf die offenen Enden zubinden, genügend Platz lassen, da sonst die Hülle beim Kochen platzt.

In einem Topf mit Wasser bedeckt aufkochen lassen, dann wieder Hitze reduzieren und zugedeckt 3 Stunden vorsichtig ziehen lassen.

Heiß mit Clapshot (gestampfte, gekochte Erdäpfel und Rüben) servieren.

Lammfleisch mit Polenta-Melanzani-Nudeln

800 g Lamm, gemischte Teile von Schulter, Ripperln, Rücken, ausgelöst
Salz
Pfeffer
4 Knoblauchzehen, ganz
2 EL Lammfond, reduziert
2 Rosmarinzweige
4 Zitronen, filetiert

3 EL Milch
Salz
Pfeffer
Muskatnuss
20 g Butter
60 g Polenta
2 Knoblauchzehen, gehackt
Olivenöl
4 Stk. Filoteig, ca. 20 x 20 cm
4 Lasagneblätter, gekocht
1 Melanzani, in dünne Scheiben geschnitten
1 Ei, verquirlt

Die Lammfleischteile mit Salz und Pfeffer gut würzen und in einem Topf auf allen Seiten anbraten. Ganze Knoblauchzehen hinzufügen und mit halbgeschlossenem Deckel bei 190 °C ins Backrohr schieben. Nach 10 Minuten Lammfond dazugießen und immer wieder – manchmal auch mit etwas Wasser – übergießen. Nach ca. 20 Minuten Rosmarin und die Zitronenfilets zugeben. Insgesamt etwa 40 Minuten schmoren. Dann das Lamm herausnehmen und warm stellen. Bratenrückstand entfetten.

Für die Polenta-Melanzani-Nudeln die Milch mit den Gewürzen und der Butter aufkochen, Polenta einrühren und zugedeckt für ca. eine halbe Stunde bei ca. 160 °C ins Backrohr schieben. Danach herausnehmen und abkühlen lassen.

Die Melanzani mit Salz, Pfeffer und gehacktem Knoblauch würzen und in Olivenöl beidseitig kross braten. In den Filoteig abwechselnd ein Lasagneblatt, Polenta und Melanzani einpacken. Das Ganze verschließen, mit Ei bestreichen und in Olivenöl beidseitig anbraten. Bei 180 °C im Backrohr ca. 10 Minuten goldbraun überbacken. Das Lamm mit Polenta-Melanzani-Nudeln und Bratensaft anrichten und mit Knoblauch und Rosmarin garnieren.

Lamm-Fächerbraten

800 g Lammnuss, längs der Faser zweimal oder dreimal tief eingeschnitten
4 EL Schafskräuterkäse
1 EL Dijonsenf
3 Knoblauchzehen, fein gehackt
2 Karotten, fein geschnitten
4 Scheiben Schafskäse
2 Schinkenscheiben, etwas dicker geschnitten, halbiert
Salz
Pfeffer
Rosmarin
4 EL Öl
Lammfond
⅛ l Rotwein
1 TL Mehl

Die Einschnitte der Lammnüsschen mit Schafskräuterkäse, Senf und Knoblauch bestreichen und mit Karotten, Käsescheiben und den Schinkenscheiben belegen. Gut zusammendrücken und mit Spagat zusammenbinden. Mit Salz, Pfeffer und Rosmarin gewürzt im heißen Öl beidseitig anbraten und im vorgeheizten Backrohr bei 200 °C mit etwas Fond aufgegossen knappe 1½ Stunden braten. Mit dem restlichen Fond immer wieder begießen, sodass der Braten saftig bleibt und ein herrlicher Bratensaft entsteht.
Wenn der Braten fertig ist, den Saft abseihen, Wein dazugeben, kurz aufkochen und mit Mehl binden. Zum Anrichten den Braten quer aufschneiden und mit der heißen Soße servieren.

Als Beilage passen Petersil-, Brat- oder Prinzesserdäpfel, aber auch Erbsen, Karotten, Brokkoli oder gebratene Paradeiser.

Gefüllte Lammbrust

1 ausgelöste Lammbrust, ca. 1–1,20 kg, untergriffen
Salz
Pfeffer
120 g Knödelbrot
1 Ei
¼ l Milch
1 Zwiebel, fein gehackt
5 EL Öl oder Fett
1 Bund Petersilie, fein gehackt
30 g Brösel
Käferbohnen, gekocht
2 Chicoréeblätter

Die ausgelöste Lammbrust vom Fett befreien, auf der inneren Seite salzen und pfeffern.
Das Knödelbrot salzen, das Ei mit der Milch versprudeln und über das Knödelbrot gießen. Die gehackte Zwiebel in 2 EL Öl goldgelb anrösten, die gehackte Petersilie und die Brösel zu der Masse geben, alles gut durchrühren und auf das vorbereitete Fleisch in die Mitte füllen. Zusammenlegen und mit einem Spagat binden.
Die Lammbrust auch außen mit Salz und Pfeffer würzen, im erhitzten Öl (3 EL) auf beiden Seiten scharf anbraten und im vorgeheizten Rohr bei 200 °C 1–1 ½ Stunden langsam unter mehrmaligem Aufgießen fertig braten. Saft abschmecken.

Käferbohnen im Saft wärmen und auf Chicoréeblättern zur aufgeschnittenen Lammbrust servieren.

Lammbraten „steirischer Art“

1,2 kg Lammschlögel, ausgelöst
Salz
Pfeffer
3 Knoblauchzehen, fein gehackt
Basilikum, gehackt
Knochen, gehackt
4 EL Schweineschmalz
300 g Wurzelgemüse, grob geschnitten
2 Zwiebeln, grob geschnitten
1 Lorbeerblatt
Zitronenmelisse
6 Pfefferkörner
⅛ l Lammfond

2 EL Parmesan, gerieben
3 EL Semmelbrösel
1 EL Petersilie, gehackt
1 TL Knoblauch, gehackt
1 EL Öl

2 EL Tomatenmark
⅛ l Rotwein
2 TL Mehl

Den Lammschlögel mit Salz, Pfeffer, Knoblauch und Basilikum einreiben.
Die Knochen im heißen Fett anrösten, das Wurzelwerk, das Lorbeerblatt und die Zwiebeln dazugeben und zusammen mit der Zitronenmelisse und den Pfefferkörnern weiterrösten. Nun den Schlögel darauf legen, mit Lammfond angießen und im vorgeheizten Backrohr bei ca. 250 °C ungefähr 1 Stunde braten. Dazwischen nach Bedarf mit Wasser aufgießen und auch einmal wenden. Das Fleisch herausnehmen und mit einer Mischung aus Parmesan, Bröseln, Petersilie, Knoblauch und 1 EL Öl bestreichen. Bei Oberhitze nochmals eine Viertelstunde fertig braten. Fleisch dann ganz herausnehmen und warm stellen.

Die Knochen entfernen, das Wurzelwerk und den Bratensaft passieren und mit Tomatenmark, Rotwein und dem in etwas Wasser verrührten Mehl leicht aufkochen lassen, bis die Soße sämig ist.

Der steirische Lammbraten ist fertig und kann beispielsweise mit Polentaschnitten serviert werden.

Gefüllter Lammbraten

1 Lammschulter, ausgelöst, flach geklopft
Salz
Pfeffer
Rosmarin
Majoran
Thymian
Kerbel
Estragon
75 g Lammrohschinken
100 g Schafskäse, kleinwürfelig geschnitten
2 EL Petersilie, gehackt
Öl
Lammfond
1 Zwiebel, grob geschnitten
½ Paprika, rot, grob geschnitten
1 Karotte, grob geschnitten
3 EL Schlagrahm

Das Fleisch mit den Gewürzen bestreuen, mit Lammschinken belegen und mit Schafskäse und Petersilie füllen, zusammenrollen und binden. Dann im heißen Öl anbraten und mit Lammfond ablöschen. Zwiebel und Gemüse dazugeben und gut 1 ½ Stunden zugedeckt köcheln lassen. Fleisch herausnehmen und warm stellen. Die Soße durchseihen und mit Schlagrahm verfeinern.

Das Fleisch in Scheiben schneiden und mit der Soße anrichten.

Tiroler Lammbraten

800 g Lammschlögel, ausgelöst
Salz
Pfeffer
1 TL Kümmel, grob gemahlen
2 Knoblauchzehen, fein gehackt
Wacholderbeeren, zerdrückt
2 EL Butterschmalz
600 g Erdäpfel,
in dicke Scheiben geschnitten
2 Karotten, grob geschnitten
1 Sellerieknolle, grob geschnitten
100 g Speck, gewürfelt
½ l Lammfond

Den Lammschlögel mit Salz, Pfeffer, Kümmel, Knoblauch und einigen Wacholderbeeren einreiben und in heißem Butterschmalz von allen Seiten anbraten. Dann im Backrohr bei 200 °C ca. 40 Minuten fortgaren. Auch die Erdäpfel ca. 20 Minuten mitbraten. Karotten, Sellerie und den Speck beimengen, mit dem Fond aufgießen und eine weitere Stunde dünsten.

Den Lammbraten in Scheiben schneiden und mit dem Gemüse anrichten.

Lammbrust gerollt

900 g Lammbrust, ausgelöst
Rosmarin
Salz
Pfeffer
Kräutersenf
Knoblauch
100 g Mangold, blanchiert
100 g Schafskäse, gewürfelt
Öl
600 ml Lammfond
200 g Reis, gekocht
100 g Mais, gekocht
100 g Erbsen, gekocht

Die Lammbrust würzen und mit Senf und gepresstem Knoblauch bestreichen. Dann mit Mangold und dem gewürfelten Schafskäse belegen und zusammenrollen. Im heißen Öl kurz anbraten und im vorgeheizten Backrohr bei ca. 170 °C gute 2 Stunden braten. Zwischendurch mit Lammfond begießen.

Reis, Mais und Erbsen getrennt im Fond erhitzen, salzen und pfeffern und mit dem aufgeschnittenen Braten und der Bratensoße anrichten.

Lammschulter mit jungen Maiskolben, Eierschwammerln und Polenta

800 g Lammschulter, ausgelöst, pariert
Rosmarin
4 Knoblauchzehen
Salz
Pfeffer
Olivenöl
2 Zwiebeln, in dicke Scheiben geschnitten
Knochen, gehackt
1 ½ l Lammfond
1 TL Tomatenmark
Maisstärke

100 g Butter
2 Schalotten, gewürfelt
300 g junge Maiskolben
Muskat
Salz
Pfeffer
100 g frische Eierschwammerl, geputzt
1 Bund Petersilie, fein gehackt
½ l Milch
Rosmarin
Zitronenzesten
180 g Maisgrieß
1 Ei
3 EL Schafschnittkäse, gerieben

Lammschulter mit Rosmarin und 4 halben Knoblauchzehen spicken, salzen und pfeffern und in Olivenöl anbraten. Zwiebeln mit den restlichen Knoblauchzehen und dem Rosmarin in einen geölten Bräter legen. Die Schulter mit der flachen Seite nach oben hineinlegen. Die Zwiebeln darauf legen.

Die Knochen mit einer Tasse Fond dazugeben und das Ganze bei 200 °C eine knappe Stunde in das Backrohr schieben. Dazwischen einige Male mit ein wenig Wasser aufgießen. Nach einer halben Stunde das Fleisch wenden, mit Olivenöl bestreichen und fertig garen. Dann warm stellen.

Tomatenmark in den Bräter geben und noch einmal mit den Knochen anbraten, bis der Ansatz braun ist, hierauf mit dem Fond ablöschen und reduzieren. Mit etwas Maisstärke binden, abschmecken und abseihen.

Die Butter aufschäumen lassen und die Schalotten hinzugeben. Die Maiskolben untermischen, salzen und pfeffern, würzen und gut durchschwenken. Mit ein wenig Wasser aufgießen und so lange kochen lassen, bis die Flüssigkeit verkocht ist. Die Eierschwammerl sautieren, die Petersilie dazugeben und abschmecken. Milch, Rosmarin, Zitronenzesten und Butter aufkochen und den Maisgrieß einrühren. Kurz aufkochen und 10 Minuten am Herdrand quellen lassen. Dann das Ei einrühren und auf ein Backblech ca. 1 Zentimeter hoch aufstreichen und glätten. Das Ganze erkalten lassen. Polentastücke ausschneiden, mit Käse und etwas Butter bestreuen und bei 200 °C Oberhitze in das Backrohr geben, bis Käse und Butter leicht gebräunt sind.

Maiskolben und Eierschwammerl auf einer Platte anrichten, das Fleisch darauf legen und die Polentastücke rundherum platzieren. Die Soße extra reichen.

In Bier geschmorte Lammschulter

1 kg Lammschulter, ausgelöst
und in Stücke geteilt
Salz
Pfeffer
4 Zwiebeln, klein geschnittenen
4 Karotten, in Scheibchen geschnitten
2 Bio-Zitronen, als Ganzes klein gewürfelt
2 EL Öl
1 Flasche Bier

Einen Bräter zwei Finger hoch mit Wasser füllen, das Fleisch hineinlegen, salzen und pfeffern. Die Zwiebeln und die Karotten hinzugeben. Die Zitronenwürfelchen ebenfalls in den Bräter geben. Öl und Wasser über die Fleischstücke gießen, bis sie gut bedeckt sind. Das Ganze für ca. 2 Stunden in das auf 200 °C vorgeheizte Backrohr geben. Nach 1 Stunde das Fleisch wenden und das Bier darüber gießen.

Nach weiteren 2 Stunden kann der unwiderstehliche Lammbraten angerichtet werden.

Steirisches „Schöpsernes“ mit Kohl

500–600 g Lammschulter
100 g Karotten
100 g Sellerieknollen
100 g Petersilienwurzeln
1 Lorbeerblatt
1 Zwiebel, fein gehackt
200 g Kohl
Salz
3 Knoblauchzehen, fein gehackt
Majoran
Thymian
einige Pfefferkörner
300 g Erdäpfel
Petersilie, fein gehackt

Das würfelig geschnittene Lammfleisch, das nudelig geschnittene Wurzelwerk, die fein gehackte Zwiebel sowie den geschnittenen Kohl lagenweise in einen Topf mit etwas kochendem Wasser geben. Mit Salz, Knoblauch, Majoran, Thymian und Pfefferkörnern würzen.

Das Ganze ca. eine halbe Stunde zugedeckt kochen lassen, dann die geschälten, geviertelten Erdäpfel dazugeben und alles fertigkochen lassen, anrichten und mit gehackter Petersilie garnieren.

Lammfleisch mit Lauch

500 g Lammkeule, ausgelöst, pariert, in Streifen geschnitten
Öl
200 g Lauch, in kleine Stücke geschnitten
2 EL Sojasoße
2 EL Reiswein
Salz
Pfeffer
5 EL Sesamöl

In einem Wok das Öl erhitzen und das Lammfleisch unter ständigem Rühren kurz anbraten. Lauch, Sojasoße und Reiswein dazugeben und würzen. Kurz weiterbraten, bis der Lauch bissfest ist.
Mit Sesamöl beträufelt servieren.

Als Beilagen eignen sich beispielsweise Erdäpfelpüree oder Cremepolenta.

Geschmorte Lammschulter mit Melanzani-Zucchinigemüse

800 g Lammschulter
Salz
Pfeffer
Öl
100 g Karotten
100 g Sellerie
100 g Lauch
4 Lorbeerblätter
16 Wacholderbeeren
300 g Zwiebeln, gehackt
3 Knoblauchzehen
4 TL Tomatenmark
800 ml Rotwein
800 ml Gemüsebrühe

400 g Zucchini
400 g Melanzani
4 TL Olivenöl
2 TL Pfefferkörner

Kräutermarinade

80 g Basilikum, fein gehackt
80 g Petersilie, fein gehackt
200 ml Olivenöl
50 g Sauerrahm
Salz
Pfeffer

Die Lammschulter gewürzt mit Salz und schwarzem Pfeffer in heißem Öl von allen Seiten anbraten. Das klein geschnittene Wurzelwerk, die Gewürze sowie die gehackten Zwiebeln und den Knoblauch dazugeben und mitrösten. Tomatenmark für eine leicht bräunliche Farbe und einen süßwürzigen Geschmack mitrösten. Mit Rotwein ablöschen und mit der Brühe aufgießen, bis die Lammschulter bedeckt ist. Bei 200 °C die Lammschulter eine Dreiviertelstunde im Backrohr zugedeckt schmoren lassen. Dann das Fleisch herausnehmen und rasten lassen. Soße einkochen lassen und passieren. Mit Salz und schwarzem Pfeffer abschmecken.

Zucchini und Melanzani in Scheiben schneiden, in Olivenöl braten, würzen und warm stellen.

Basilikum und Petersilie mit Olivenöl, Sauerrahm, Salz und Pfeffer zu einer Kräutermarinade verrühren.

Die Lammschulter aufschneiden und mit dem Melanzani-Zucchinigemüse anrichten. Dazu die Soße geben und das Ganze mit etwas Kräutermarinade servieren.

Als Beilage empfehlen sich Thymianerdäpfel.

Lammschulter mit eingelegten Eierschwammerln

1 kg Lammschulter, ausgelöst, pariert
1 l Buttermilch
Ingwer, gehackt
Estragonsenf
Salz
Pfeffer
60 g Butterschmalz
etwas Mehl
250 g Sauerrahm

1 Glas eingelegte Eierschwammerl

Erdäpfelkroketten

8 kleine mehlige Erdäpfel
3 EL Butter
1 Eidotter
Salz
1 Prise Muskatnuss
Parmesan, gerieben
Mehl
1 Ei, verquirlt
Semmelbrösel
3 EL Schweineschmalz oder Öl

4 TL Petersilie, fein gehackt

Lammschulter vor dem Zubereiten ein bis zwei Tage im Kühlschrank gut zugedeckt in Buttermilch eingelegt rasten lassen. Fleisch herausnehmen und abtrocknen. Ingwer, Senf, Pfeffer und Salz vermischen und die Lammschulter damit bestreichen. In eine Bratpfanne legen und mit heißem Öl oder Fett begießen. Dann in das auf 200 °C vorgeheizte Backrohr geben und ca. 1 ¼ Stunden braten, dazwischen immer wieder mit etwas Wasser aufgießen. Den mit dem Mehl gut verquirlten Sauerrahm kurz vor Bratende zum Bratensaft geben.

Inzwischen die Eierschwammerl einige Minuten dünsten.

Als weitere Beilage eignen sich Erdäpfelkroketten. Dazu die geschälten Erdäpfel kochen, durch die Kartoffelpresse drücken und mit Butter, Eidotter, Salz, Muskatnuss und Parmesan glatt rühren. Kroketten formen und kalt stellen. Dann in Mehl, dem verquirlten Ei und den Semmelbröseln panieren und rasch in heißem Öl backen. Lammschulter in Scheiben schneiden und mit der Soße, den mit Petersilie bestreuten Eierschwammerln und den Kroketten anrichten.

Heiß abgesottenes Lammfleisch

1 kg Lammknochen, gehackt
600 g Lammfleisch von der Schulter
1 Gewürzsäckchen (5 Pfefferkörner,
4 Neugewürzkörner, 1 kleines Lorbeerblatt,
1 Thymianzweig, 1 Knoblauchzehe)
400 g Wurzelwerk, in dünne Streifen geschnitten
Zitronensaft
Salz
Pfeffer

Petersilie, gehackt
Kren, frisch gerissen

Die Lammknochen in kaltem Salzwasser zum Kochen bringen. Bevor das Wasser zu sieden beginnt, das Fleisch dazugeben und ohne Deckel langsam ca. 1 ½ Stunden kochen. Nach 1 Stunde das Gewürzsäckchen und das Wurzelwerk hineingeben und alles gar kochen. Das Gewürzsäckchen entfernen und mit Zitronensaft, Salz und Pfeffer abschmecken.
Das Fleisch in Scheiben schneiden und mit dem Wurzelwerk anrichten. Einige Löffel Kochsud darüber gießen und mit Petersilie und Kren bestreuen.

Als Beilage eignen sich alle Bohnenarten, Salzerdäpfel, Rote Rüben oder gedünsteter Kohl.

Kis Kagit Kebabi (Winter Kebab)

500 g Lammschulter
4 EL Öl
150 g Zwiebeln, fein gehackt
25 g Paradeispüree
1 TL Paprikapulver
¼ TL Zimtpulver
¼ TL Thymian, getrocknet
1 Lorbeerblatt
1 l Lammfond
1 EL Essig
250 g Karotten, gewürfelt, blanchiert
250 g Erdäpfel, gewürfelt
Sonnenblumenöl zum Frittieren
250 g gekochte Erbsen
25 g Dill, fein gehackt
Salz, Pfeffer

4 Quadrate aus Fettpapier,
jeweils ca. 35 cm groß

Fleisch im Öl anbraten, bis der ausgetretene Saft eingekocht ist, dann die Zwiebeln dazugeben und weiterbraten, bis diese goldbraun sind. Paradeispüree, Gewürze und Kräuter hinzufügen. Nach ein paar Minuten den Fond und den Essig angießen und zugedeckt zum Kochen bringen. Ca. 1 Stunde köcheln lassen, bis das Fleisch weich ist. Salzen und vom Feuer nehmen.

Die Karotten- und die Erdäpfelwürfel in sehr heißem Öl frittieren, danach gut abtropfen lassen.

Gemüse und Fleisch zusammenmischen und in vier Portionen teilen. Jeweils auf ein Stück Fettpapier legen, einen Esslöffel vom Bratensaft darüber gießen und mit Dill bestreuen. Die Päckchen verschließen und auf ein Backblech legen. Mit Wasser bepinseln und im vorgeheizten Ofen bei 250 °C 15 Minuten backen. Dann aufschneiden und servieren.

Lammschulter tres chic

1 kg Lammschulter, ausgelöst
(alternativ Lammstelze/Haxe, Hals, Brust, Schlögel/Keule)
Salz
schwarzer Pfeffer
2 Knoblauchzehen
4 Schalotten, geschält
Olivenöl
250 ml Lammfond
250 ml Wasser
4 unbehandelte Mandarinen (oder Orangen)

Beilage
4 Stk. Chicorée
Salz
20 g Zucker
100 g Butter
Geflügelfond (optional)

Dieses Rezept stammt vom Haubenkoch Peter Troißinger jun., wie bereits die in Buttermilch gedünstete Lammstelze mit Kirschen.

Backrohr auf 160 °C Umluft vorheizen. Lammschulter mit Salz, Pfeffer und Knoblauch würzen. Lammschulter zusammen mit den ganzen Schalotten in einem Bräter in Olivenöl anbraten. Mit Lammfond und Wasser aufgießen.

2 unbehandelte Mandarinen samt Schale (falls behandelt, geschält) in Sechzehntel schneiden und in den Bräter hinzufügen. Für 120 Minuten im Backrohr schmoren, bis das Fleisch weich ist – die erste Stunde mit Deckel, anschließend ohne Deckel garen.

Inzwischen Chicorée halbieren und salzen. Die restlichen zwei Mandarinen auspressen. In einer Pfanne Zucker karamellisieren, Chicorée einlegen und anbraten. Butter zugeben und mit dem Mandarinensaft ablöschen.

Nach Belieben etwas Geflügelfond zugeben und die Pfanne mit Chicorée für 10 Minuten zum Lammbraten in das Backrohr schieben.

Tajine mit Lamm und Datteln (Marokko)

750 g Lammschulter, ausgelöst, klein gewürfelt
1 Zwiebel, fein geschnitten
Salz
Pfeffer
1 Prise Safran
1 Stück Zimtrinde
2 EL Butter
250 g Couscous
10 g Butter
1 EL Honig
2 EL Zitronensaft
40 g ganze Datteln, entkernt
100 g Mandeln, gehobelt

Lamm und Zwiebeln in einen Topf oder, wenn vorhanden, in eine Tajine geben. Etwas Wasser beifügen, salzen, pfeffern und mit Safran und Zimt würzen. Butter dazugeben und zugedeckt weich köcheln lassen.
Für den Couscous ¼ l Wasser aufkochen, Couscous einrühren und 2–3 Minuten quellen lassen. Etwas Butter einrühren und bei schwacher Hitze eine gute Viertelstunde weiterquellen lassen. Zum weich gekochten Fleisch Honig und Zitronensaft geben und einrühren und die Datteln mit etwas Wasser in die Soße geben.

Beim Anrichten in der Tellermitte einen Couscous-Ring bilden, mit dem Fleisch auffüllen und die Mandeln darüber streuen.

Gesottener Lammtafelspitz auf Spargel-Morchel-Gemüse mit Parmesangnocchi und Bärlauchsoße

1 kg Lammtafelspitz
1 kg Lammknochen
2 Karotten
½ Zwiebel
½ Stange Lauch
Petersilie
2 Lorbeerblätter

Gnocchi
300 g Erdäpfel
50 g Maisstärke
1 Eidotter
1 Prise Muskatnuss
Salz
Pfeffer
Olivenöl
50 g Parmesan, gerieben

Gemüse
800 g Spargel
140 g frische Morcheln, geputzt, gewaschen, geviertelt
1 Schalotte, gewürfelt
Olivenöl
1 Paradeiser, blanchiert, enthäutet und entkernt
Schnittlauch, fein gehackt

Soße
1 Bund Bärlauch, fein gehackt
150 g Butter
Fond vom Tafelspitz
¼ l Schlagrahm

Den Lammtafelspitz und die Knochen mit kaltem Wasser bedecken und zum Kochen bringen. Gemüse und Gewürze dazugeben, laufend abschäumen und den Tafelspitz bei schwacher Hitze garen.

Für die Parmesangnocchi die geschälten Erdäpfel kochen und passieren. Maisstärke, Eidotter Muskatnuss, Salz und Pfeffer dazugeben und alles vermengen. Diese Masse zu einer Rolle formen, in kleine Stücke schneiden und zu Gnocchi formen. In Salzwasser blanchieren, herausheben und abtropfen lassen. Vor dem Anrichten die Gnocchi in Olivenöl goldbraun braten und mit Parmesan bestreuen.

Für das Spargel-Morchel-Gemüse den geschälten Spargel bissfest kochen und ausgekühlt in Stücke schneiden. Die Morcheln mit der Schalotte in Olivenöl anbraten. Spargel dazugeben und abschmecken. Zum Schluss Paradeiser und Schnittlauch dazugeben.

Für die Bärlauchsoße den Bärlauch mit der zimmerwarmen Butter gut vermischen. Tafelspitzfond und Schlagrahm aufkochen und mit der Bärlauchbutter gut verrühren.

Tafelspitz in Scheiben schneiden und mit den Gnocchi, dem Gemüse und der Bärlauchsoße anrichten.

Gespickter Lammschlögel vom Grill

1 kg Lammschlögel, ausgelöst
100 g Speck, in Streifen von
ca. ½ cm Querschnitt geschnitten
5 Knoblauchzehen, halbiert

Marinade

3 EL Olivenöl
Salz
Peffer
1 TL Zucker
1 EL Paprika
1 EL Worcestersoße
4 EL Weinbrand
1 TL Oregano

Das Fleisch mit dem Filetiermesser an mehreren Stellen ca. 2 cm einschneiden und mit den Speckstreifen sowie den Knoblauchzehen spicken.

Für die Marinade Olivenöl, Salz, Pfeffer, Zucker, Paprika, Worcestersoße, Weinbrand und Oregano zusammenrühren.
Den Lammschlögel mit dieser Marinade einreiben und ca. 1 Stunde rasten lassen. Das Fleisch auf den Spieß stecken oder im Backrohr mit Grillfunktion grillen. Dabei regelmäßig weiter mit der Marinade bepinseln, bis sie aufgebraucht ist. Den fertigen Schlögel vom Grill bzw. aus dem Rohr nehmen, in eine Folie geben und 10 Minuten rasten lassen.

Zum Servieren aufschneiden und mit einer Beilage, beispielsweise Bratkartoffeln, anrichten.

Gefüllte Lammkeule im Gemüsebeet

1 Lammkeule, ausgelöst
1 EL Knoblauch, fein gehackt
Salz
Pfeffer
1 EL gehackte Mandeln
150 g gekochter Reis
1 EL eingeweichte Rosinen
1 EL getrocknete Marillen, gewürfelt
1 TL Ingwer, gehackt
3 Knoblauchzehen
1 EL Minzeblätter
Öl
1,5 kg zerhackte Lammknochen
1 Zwiebel, grob gewürfelt
150 g Sellerie, gewürfelt
1 Karotte, gewürfelt
1 EL Tomatenmark
¼ l Paradeissaft
1 EL Pfefferkörner
3 Lorbeerblätter
2 Thymianzweige
½ l Rotwein

Gemüsebeet
200 g kleine Erdäpfel
200 g weiße Zwiebeln
200 g rote Zwiebeln
200 g Stangensellerie
200 g Lauch
200 g Karotten

Die Lammkeule von innen und außen mit Knoblauch, Salz und Pfeffer würzen. Mandeln, Reis, Rosinen, Marillen, Ingwer, Knoblauch und Minzeblätter mischen, in die Lammkeule füllen und diese mit Küchengarn zusammenbinden. In heißem Öl in einem Bräter von allen Seiten gut anbraten und ins auf 120 °C vorgeheizte Backrohr geben.
Die weiteren Zutaten, Knochen und Gemüse nach 1 Stunde zum Fleisch geben, verschließen und die Lammkeule eine weitere Stunde garen. Dann das Fleisch aus dem Bräter nehmen und die Soße durch ein Sieb gießen.

Für das Gemüsebeet Erdäpfel, weiße und rote Zwiebeln, Stangensellerie, Lauch und Karotten – alles klein geschnitten – in den Bräter geben, das Fleisch darauf legen, die Soße wieder dazu gießen. Nun zugedeckt für eine weitere Dreiviertelstunde in den Ofen schieben.

Zum Anrichten das Fleisch in Scheiben aufschneiden und auf dem Gemüsebeet mit der Soße servieren.

Lammkeule mit Gemüse und Folienerdäpfeln

1 ganze Lammkeule
12 Knoblauchzehen, ganz
3 Rosmarinzweige
Salz
Pfeffer
Olivenöl

4 große Erdäpfel, in der Schale
und in Folie gegart
300 g Sellerieknollen, klein gewürfelt
2 Stangen Lauch, klein geschnitten
500 g Karotten, grob geschnitten

500 g Schalotten, geschält, halbiert
1 Lorbeerblatt
½ l trockener Rotwein,
auf die Hälfte reduziert
500 g Rispenparadeiser

400 g Gemüse, nach Saison und Vorliebe
(Brokkoli, Kohlsprossen, Karfiol)
Gewürzmischung (Auswahl nach Belieben)
1 Becher Sauerrahm
2 EL gemischte Kräuter, fein gehackt

Die Lammkeule mit geschälten, halbierten Knoblauchzehen und dem Rosmarinzweig spicken, salzen und pfeffern und im heißen Öl von allen Seiten gleichmäßig anbraten. Das Gemüse ohne Paradeiser und Erdäpfel kurz blanchieren, dann in einen Bräter geben und das Fleisch darauf setzen. Lorbeerblatt und drei Viertel des reduzierten Rotweins dazugeben.
Den Bräter mit Fleisch und Gemüse bei 160 °C in das Backrohr geben, die erste halbe Stunde das Fleisch regelmäßig wenden und mit dem restlichen Wein übergießen. Die Lammkeule hierauf bei etwas reduzierter Hitze ca. 2 Stunden fertig garen. Regelmäßig darauf achten, dass genügend Flüssigkeit im Bräter vorhanden ist, ohne dass das Gemüse in Flüssigkeit ertrinkt. Gegen Schluss Paradeiser dazugeben, den Ofen ausschalten und noch eine Viertelstunde rasten lassen.

Inzwischen das Gemüse nach Wahl (Brokkoli, Kohlsprossen, Karfiol) in Salzwasser kochen und mit Butter und passenden Gewürzen zubereiten. Folienerdäpfel mit einer Sauerrahm-Kräutersoße anrichten.

Am Ende die Lammkeule herausnehmen und den Bratensatz mit Wasser oder Fond ablöschen.

Vor dem Servieren das Fleisch in dünne Scheiben schneiden und mit Gemüse und Erdäpfeln servieren.

Lammkeule in Kräutern gebraten mit jungen Karotten und Bärlauch-Polenta

1 Lammkeule, ausgelöst
3 EL gemischte Kräuter, gehackt
(Rosmarin, Majoran,
Estragon, Thymian, Salbei)
Salz
Pfeffer
1 kg Lammknochen
6 Knoblauchzehen, geschält
1 Bund Suppengrün, klein geschnitten
1 EL Tomatenmark
0,1 l Rotwein
1 l Lammfond

1 Bund junge Karotten, geschält, blanchiert
2 EL Butter

Polenta

½ l Lammfond
100 ml Schlagrahm
1 Prise Muskatnuss, gerieben
Salz
Pfeffer
300 g Maisgrieß
2 Eier, verquirlt
2 Bund Bärlauch, fein gehackt

Keule mit den Kräutern füllen, salzen, pfeffern und zusammenbinden. Zusammen mit den Knochen anbraten und im Backrohr bei 160 °C Grad eine gute halbe Stunde garen. Knoblauch hinzugeben. Dann die Keule herausnehmen, die Knochen weiterrösten. Suppengrün und Tomatenmark dazugeben und mit etwas Rotwein ablöschen. Mit ¼ l Lammfond auffüllen, abseihen, reduzieren und eine Soße herstellen.

Karotten schälen und blanchieren, in Butter und Suppe erwärmen. Salzen und pfeffern.

Für die Bärlauch-Polenta ½ l Fond, Schlagrahm und Gewürze aufkochen, Maisgrieß einrühren und bei schwacher Hitze ca. 10 Minuten unter ständigem Rühren ziehen lassen. Kurz abkühlen lassen und die Eier und den Bärlauch unterheben. Die Masse ca. 1 cm dick auf ein Backblech streichen und kurz im Backrohr mit Butterflocken überbacken.

Polenta in Stücke schneiden und mit der Lammkeule und den Karotten servieren. Die Soße dazu reichen.

Gebratene Lammnüsschen mit Fenchel und Frühlingszwiebeln

2 Lammnüsschen
4 Fenchelknollen
8 Frühlingszwiebeln
Kräutersalz
Pfeffer
2–3 Rosmarinzweige
Rotwein
etwas Lammjus
4 TL Kren, frisch gerieben

Fenchel in Salzwasser bissfest kochen, herausheben, der Länge nach halbieren und mit den ebenfalls halbierten Frühlingszwiebeln anbraten. Warm stellen.
Lammnüsschen mit Kräutersalz und Pfeffer würzen und in einer Pfanne zusammen mit den Rosmarinzweigen auf beiden Seiten gut anbraten.
Anschließend im Rohr bei 180 °C etwa 8–10 Minuten garen, dann rasten lassen. Den Bratensatz mit Rotwein und etwas Jus aufgießen und einreduzieren.

Das Fleisch in Scheiben schneiden, mit Kren bestreuen und mit dem Fenchel, den gebratenen Frühlingszwiebeln und dem Rosmarinsafterl servieren.

Griechische Lammfleischspieße

500 g Lammfleisch aus der Keule, in mundgerechte Stücke geschnitten
1/8 l Olivenöl
Saft von 1 Zitrone
1/8 l trockener Weißwein
Salz
Pfeffer, frisch gemahlen
2 TL Oregano
8 Lorbeerblätter
4 Schalotten

8 Holzspieße

Fleisch in eine Marinade aus Olivenöl, Zitronensaft, Wein, Salz, Pfeffer, Oregano und Lorbeerblättern legen und über Nacht zugedeckt und kühl aufbewahren.
Die Holzspieße vor dem Grillen eine halbe Stunde wässern.
Am Tag des Grillens die halbierten Schalotten, Fleisch sowie Lorbeerblätter abwechselnd auf die Holzspieße stecken. Dann die Spieße auf den heißen Grill legen und garen.

Lamm und Schaf in Kultur, Religion und auf der ganzen Welt

Lamm und Schaf in Literatur und Musik

In den meisten Geschichten von Lamm und Schaf werden diese Tiere in ihrer friedfertigen, ja sogar einer recht einfältigen Art skizziert. Die Erzählungen erwecken den Eindruck, dass vergleichbare Wildtiere eine größere Hirnleistung erbringen würden als das schon seit undenklichen Zeiten domestizierte Schaf – derweil ist mittlerweile erwiesen, dass Schafe einen scharfen Verstand haben!

In der äsopischen Fabel vom Hund und vom Schaf gibt sich das Schaf noch schnell mit der Erklärung zufrieden, dass der Hund das breitere Futterangebot verdiene, weil er durch seinen Schutz den Schafen erst das ruhige Weiden ermögliche. Bei der gemeinsamen Futtersuche mit Löwen und Hirsch zieht letztlich wiederum das Schaf den Kürzeren, wiewohl es ohnehin kein Fleisch verzehren würde. Unzählig sind auch die Geschichten von Schafen und Wölfen, und nur selten obsiegt die Geduld und Friedfertigkeit des Schafes.

Eine eigene Form der Dichtung, die ein unrealistisches, idyllisches Bild vom Hirtendasein entwirft, stellt die Schäferdichtung dar. Die älteste erhaltene Schäferpoesie stammt aus der griechischen Antike und wurde von Theokrit im 3. Jahrhundert v. Chr. verfasst. Diese Tradition lebte in der Renaissance wieder auf, zusätzlich

Schäferin mit Schafherde (Anton Mauve, ca. 1870–88).

angeregt durch ein in aristokratischen Kreisen beliebtes höfisches Theaterstück, das Schäferspiel. In Italien waren Francesco Petrarca und Giovanni Boccaccio die wohl bekanntesten Vertreter dieses Genres. Auch in Spanien, Portugal und England finden sich Werke der Schäferdichtung. William Shakespeare hat um 1600 in seinem Stück *Wie es Euch gefällt* ebenfalls zu dieser Gattung gegriffen. Die deutsche Schäferdichtung setzte nach diesen älteren Vorbildern erst im 17. Jahrhundert ein, zu den wichtigsten Autoren zählen Christian Fürchtegott Gellert und der junge Johann Wolfgang Goethe.

Bei einigen Liedern spielt das Lamm zumindest eine nebensächliche Rolle – das gilt dann aber weniger für die Person, die sich mit den Lämmern beschäftigt. Es ist immer wieder ein Mädchen, das bestimmte, typische Eigenschaften transportiert, die man auch den Lämmern zuschreibt, man denke an Liedtitel wie „Es wollte ein Mädchen die Lämmlein hüten" oder „Ein Schäfermädchen weidete, zwei Lämmer an der Hand".

Im Volks- und Aberglauben, wo sich die in Literatur und Musik verarbeiteten Zuschreibungen sammeln, spielen Lamm und Schaf damit ebenso eine wichtige Rolle. Es seien hier nur einige Beispiele angeführt: Geht eine Jungfrau in der Silvesternacht mit verbundenen Augen in den Schafstall und ergreift als erstes ein weibliches Schaf, so soll sie im kommenden Jahr ungefreit bleiben, andernfalls stehe eine Hochzeit ins Haus. Eine weitere Mär besagt Folgendes: Begegnet ein Gast unterwegs einer Herde Schweine, werde er ein unwillkommener sein, trifft er hingegen auf eine Herde Schafe, werde er herzlich willkommen geheißen. Überhaupt soll die erste Begegnung nach dem Verlassen des Hauses mit Schafen nach den Ausführungen im *Schatzkästlein des rheinischen Hausfreundes* (frühes 19. Jahrhundert) glückverheißend sein – ganz besonders, wenn es mehrere sind und sie auf der rechten Seite in Erscheinung treten.

Lamm und Schaf in den Religionen

Das Lamm spielt eine zentrale Rolle in den religiösen Schriften. Im Alten Testament wird etwa im Zusammenhang mit der Eröffnungsfeier des Tempels von Jerusalem berichtet, dass König Salomon 120 000 Schafe als „Gemeinschaftsopfer für Jahwe" dargebracht habe. Für die Opferungen gibt bereits Moses entsprechende Anweisungen: „Das Folgende sollst du auf den Altar bringen: zwei einjährige Lämmer jeden Tag ohne Unterbrechung. Das eine sollst du am Morgen opfern, das andere gegen Abend, zu dem Lamm gib ein Zehntel mit einem Viertel Hin [altes Hohlmaß] Öl aus zerdrückten Oliven, vermengtes Feinmehl sowie ein Trankopfer von einem Viertel Hin Wein. Das andere sollst du gegen Abend opfern" (2 Mos 29, 38–41).

Das Lamm gilt im Alten Testament also als bevorzugtes Opfertier. Von wesentlicher Bedeutung war seine Rolle etwa im Vorfeld des Auszuges der Israeliten aus Ägypten: Jede jüdische Familie musste ein tadelloses Lamm schlachten und mit dessen Blut die Türpfosten bestreichen, damit der „Würgengel" doch an ihrer Türe vorübergehe und sie verschone. In Erinnerung an die Errettung aus der ägyptischen Gefangenschaft wird heute noch zu Pessach ein Lamm gegessen. Das Fest beginnt am 15. Nissan mit dem ersten Vollmond im Frühjahr, im März oder April, und dauert in Israel sieben Tage, wohingegen Juden in der Diaspora acht Tage feiern. Das an Pessach dargebrachte Lamm soll allen nachfolgenden Generationen das ursprüngliche Opfer vergegenwärtigen – ein Rezept für ein Pessachlamm finden Sie übrigens auch in diesem Buch.

Im Neuen Testament des Christentums ist das Lamm durch den Opfertod von Jesus Christus am Vorabend des jüdischen Pessachfestes von besonderer symbolischer Bedeutung. So wird Christus als unschuldiges Opferlamm gesehen – als „Lamm Gottes", wie ihn Johannes der Täufer bezeichnet. Darauf geht auch wesentlich der Brauch, zu Ostern ein Lammgericht zu bereiten, zurück. Gleichzeitig ist das Osterlamm mit der Siegesfahne ein Symbol für die Wiederauferstehung.

Im Islam spielt das Opferlamm ebenso eine signifikante Rolle, man denke an das höchste islamische Fest, das „Opferfest“ (arabisch *Îd al-Adha*, türkisch *Kurban Bayrami*). Es wird zum Höhepunkt des Haddsch, der Wallfahrt nach Mekka, gefeiert, beginnt immer am zehnten Tag des letzten Monats im islamischen Kalenderjahr und dauert vier Tage. Das Fest erinnert an die Bereitschaft des Propheten Abraham (Ibrahim), Gott seinen Sohn Ismael zu opfern, wobei ihm ein Schaf geschickt wurde, das er stattdessen richten sollte. Zu den Ritualen zählt heute noch eine Opferung, meist handelt es sich um ein männliches Lamm. Die Opferhandlung mit ausschließlich körperlich einwandfreien („fehlerfreien“) Tieren wird nach einem festgesetzten Ritus durchgeführt: Man legt das Opfertier mit dem Kopf Richtung Mekka, in der Regel spricht der Vater der Familie verschiedene Gebetsformeln, dann öffnet er die Halsschlagader des Tieres und lässt es ausbluten. Ein Drittel des Fleisches verzehrt die Familie, zwei Drittel werden verschenkt – meist an ärmere Leute in der Umgebung.

Lammfleisch in aller Welt

In vielen Teilen der Erde ist Lamm sehr beliebt, jedes Land hat seine typischen Lammfleischgerichte.

In Amerika wurde Lamm nie so beliebt wie Rindfleisch, obwohl beispielsweise Lamm mit Limabohnen eine Spezialität ist. Australien und Neuseeland sind heute die Haupterzeugerländer von Lammfleisch und exportieren große Mengen nach Großbritannien, Russland und den Nahen Osten sowie imposante 100 000 Tonnen jährlich nach Japan, weit mehr als die dortigen Rindfleischimporte ausmachen. Zum Vergleich: Das ist rund ein Viertel des Jahreskonsums in

England, wo immerhin viermal so viel Lamm verbraucht wird wie in jedem anderen Land der nördlichen Hemisphäre.

In Frankreich besonders beliebt ist die gebratene Keule, das Gigot. Es wird gefüllt oder im Teig gebacken (Gigot en croûte) oder mehrere Stunden lang in einem Topf geschmort (Gigot de sept heures). Derweil reichen die Produktionszahlen des hochgepriesenen Pré-Salé-Lamms (Salzmarsch-Lamms) in Frankreich nicht mehr aus, um die Nachfrage zu befriedigen. Dieses Fleisch stammt von Herden, die entlang der Küste weiden, was den leicht salzigen Geschmack mit einem Hauch von Jod erklärt. Auch in England und Holland gibt es Salzmarsch-Lämmer.

In den Niederlanden wird die auf den Friesischen Inseln vorkommende reinrassige Texelzucht sehr geschätzt, die mittlerweile aber ebenso im übrigen Europa und sogar in Südamerika und Südafrika heimisch ist.

Ursprünglich aus Hammelfleisch, mittlerweile aus Lamm, wird das unsterbliche Irish Stew zubereitet. Das trifft auch auf den englischen Lancashire Hotpot zu. Pfefferminzsoße zu Lamm und Kapernsoße zu Hammel sind auf den britischen Inseln ebenfalls stark verbreitet, ebenso beliebt ist Crown Roast.

Belgien schwört bei Lamm vor allem auf Endivie, Schweden auf Dill.

In Deutschland ist Hammelfleisch mit Bohnen ein weit verbreitetes Gericht, Lammspezialitäten erfreuen sich mittlerweile insbesondere in den Alpenländern zunehmender Beliebtheit.

Im Nahen Osten findet man immer wieder Lammfleisch mit Linsen sowie Kebab- und Lamm-Schaschlik. Hier und in der Küche Nordafrikas wird Lamm hauptsächlich im Ganzen am Spieß als Mechoui oder Shish Kebab gebraten; auf einem Drehspieß heißt es Shawarma oder Döner Kebab. Außerdem wird gerne faschiertes Lammfleisch mit geschrotetem Weizen gegessen, roh als Kibbi nayya (oder nur Kibbi), eine libanesische Spezialität. Gerne reicht man dazu Pflaumen und Mandeln in Algerien sowie Zitronen und Oliven in Marokko. Im Iran wird Lamm vornehmlich geschmort, in Tunesien mit Gewürzen und Rosinen zubereitet.

Joghurt-Topfen-Terrine

170 g Schafstopfen, passiert
150 g Staubzucker
500 g Schafsjoghurt
6 Blatt Gelatine
Saft von 1 Orange
2 EL Zitronensaft
300 g Schlagrahm

1 Kiwi, in Scheibchen geschnitten
1 Banane, in Scheibchen geschnitten
einige Blätter Minze

Erdbeersoße

250 g Erdbeeren
50 g Staubzucker
2 EL Zitronensaft
2 EL Schafsjoghurt
1 EL Grand Marnier

Schafstopfen mit 150 g Staubzucker und Joghurt langsam verrühren.
Die Gelatine ca. 5 Minuten lang in kaltem Wasser einweichen, und dann gut ausdrücken. Orangen- und 2 EL Zitronensaft erwärmen und die Gelatine darin auflösen. Diese Mischung anschließend in die Topfen-Joghurt-Masse einrühren und etwas anziehen lassen.
Schlagrahm steif schlagen und unter die Topfen-Joghurt-Masse heben. Das Ganze in eine mit Frischhaltefolie ausgelegte Terrinenform füllen. Über Nacht in den Kühlschrank stellen.
Für die Erdbeersoße die Erdbeeren passieren. Das Erdbeerpüree mit Staubzucker, Zitronensaft, Joghurt und dem Grand Marnier mit dem Pürierstab mixen, bis es cremig wird.

Die Joghurt-Topfen-Terrine stürzen, in dicke Scheiben schneiden und mit einigen aufgeschnittenen Erdbeeren sowie den anderen Früchten anrichten. Erdbeersoße dazugeben und mit den Minzeblättern garnieren.

Joghurt-Mohnschnitten

4 Eier
200 g Butter
250 g Zucker
2 Becher Schafsjoghurt
200 g Mohn, gerieben
300 g Mehl
1 Pkg. Backpulver
1 Prise Zimt
Zitronenschale
Butter zum Befetten des Blechs
Mehl

Glasur
2 EL Zitrone
250 g Staubzucker

Schlagrahm, geschlagen
gemischte Waldbeeren

Eier, Butter und Zucker schaumig rühren. Dann das Joghurt und den Mohn sowie Mehl mit Backpulver, Zimt und der Zitronenschale unter die Masse rühren. Diese hierauf auf ein befettetes und bemehltes Blech streichen und bei mittlerer Hitze eine gute halbe Stunde backen. Danach bei geöffnetem Backrohr auskühlen lassen. Für die Glasur Zitronensaft und Staubzucker verrühren und die Joghurt-Mohnschnitten damit überziehen.
In appetitliche Stücke schneiden und mit geschlagenem Schlagrahm und Waldbeeren anrichten.

Die Masse eignet sich auch vorzüglich für Joghurt-Mohn-Muffins.

Schafstopfencreme-Torte

24 Biskotten
5 Birnen, halbiert, gedünstet
100 g Preiselbeerkompott

400 g Schafstopfen
4 Eier
Salz
Zitronenschale
Zitronensaft
½ Vanilleschote oder
1 Packung Vanillezucker

125 ml Milch
6 Blätter Gelatine
150 g Zucker
150 g Schlagrahm

Mürbteig
40 g Butter
20 g Staubzucker
60 g Mehl
Salz
Zesten von 1 Zitrone

Für den Mürbteig Butter, Staubzucker, Mehl, Salz und Zitronenzesten rasch zu einem glatten Teig verkneten und ca. 30 Minuten im Kühlschrank rasten lassen. Dann den Teig ausrollen, für den Tortenboden mit einem Tortenreifen einen Kreis ausstechen und einige Male mit einer Gabel einstechen. Hierauf bei 180 °C blind backen und ausgekühlt wieder in den Tortenreifen legen.
Biskotten halbieren und mit dem angebrochenen Ende nach unten um den inneren Rand des Tortenreifens aufstellen. Birnenhälften mit Preiselbeerkompott gefüllt auf den Tortenboden gleichmäßig verteilen.

Für die Topfenmasse Topfen, Eidotter, Salz, etwas Zitronensaft und Vanillemark in die Milch rühren. Gelatine im kalten Wasser einweichen, gut ausdrücken, in etwas heißer Milch auflösen und unter die Topfenmasse rühren. Aus dem Eiklar mit Zucker einen steifen Eischnee schlagen und mit dem geschlagenen Schlagrahm unter die Topfenmasse ziehen. Masse gleichmäßig auf dem Mürbteig verteilen. Einige Stunden zum Festwerden in den Kühlschrank stellen.

Danach den Tortenreifen vorsichtig lösen und die Torte mit Beeren dekorieren und mit Staubzucker bestreut servieren.

Amerikanischer Käsekuchen mit Waldbeeren und Himbeer-Brombeersoße

Teig
5 EL Butterkeksbrösel
5 EL Mehl
5 EL Butter
1 TL Backpulver
2 EL Zucker
1 Ei

Belag
3 Eiklar
400 g Schafstopfen
2 Becher Sauerrahm
6 EL Zucker
1 EL Maisstärke
3 Eidotter
Zesten von 1 Zitrone
1/8 l Milch

250 g gemischte Waldbeeren
3 Eidotter
4 EL Himbeerbrand
2 EL Zucker

Soße
200 g Himbeeren
100 g Brombeeren
2 EL Gelierzucker
2 EL Cointreau
2 EL Schlagrahm, geschlagen
Zitronenmelisse

Für den Teig alle Zutaten gut vermischen und durchkneten. Zwei Drittel des Teiges auf dem Boden einer Tortenform auswalken, mehrmals einstechen und bei 180 °C ca. 10 Minuten blind backen. Aus dem restlichen Teig einen Streifen formen und als Rand in die noch warme Form geben.
Eiklar steif schlagen. Schafstopfen, Sauerrahm, Zucker, Maisstärke, Eidotter, Zitronenzesten und Milch in einer Rührschüssel im Wasserbad verrühren. Dann den Schnee langsam unterheben.
Die Masse in die Tortenform füllen und auf dem Tortenboden glatt verteilen. Im Backrohr bei 180 °C ungefähr eine halbe Stunde lang backen. Danach Hitze reduzieren und eine weitere halbe Stunde backen. Den Kuchen bei geöffnetem Backrohr ganz auskühlen lassen und anschließend aus der Form lösen.
Die Beeren auf dem erkalteten Kuchen verteilen.

Eidotter, Himbeerbrand und Zucker in einer feuerfesten Schüssel vermischen und die Mischung im Wasserbad cremig schlagen, über die Früchte geben und mit Staubzucker bestreuen. Mit einem Flämmer den Zucker karamellisieren.

Für die Beerensoße die Beeren mit Gelierzucker und Cointreau vermischt erhitzen und anschließend passieren. Abkühlen lassen und mit dem Schlagrahm vermengen.
Die Beerensoße separat zum Kuchen servieren und mit frischer Zitronenmelisse garnieren.

Gorizer Gibanze

600 g Mehl
Dampfl aus 10 g Germ,
etwas lauwarmer Milch und Zucker
1 Ei
2 EL Öl
Salz

Fülle

4 Eidotter
300 g Zucker
4 Eiklar, zu Schnee geschlagen
1 kg grober Schafstopfen
Vanillezucker
1 EL Grieß
Rosinen
1 Becher Sauerrahm
3 EL flüssige Butter
Zitronenschale

Aus Mehl, Dampfl, Ei, 2 EL Öl und einer Prise Salz einen Germteig bereiten und diesen eine halbe Stunde an einem warmen Platz gehen lassen.

Für die Fülle Dotter mit Zucker schaumig rühren und mit dem Eischnee, Topfen, Vanillezucker, Grieß, Rosinen, Sauerrahm, flüssiger Butter und Zitronenschalen vermengen.

Den Teig in 5 Teile teilen und jeweils auswalken. In einer großen gebutterten Auflaufform abwechselnd Teig und Fülle einlegen bzw. einfüllen.

Das Ganze nun bei 200 °C im Backrohr ungefähr eine halbe Stunde backen.

Danach mit Zuckerwasser bestreichen und mit einem Zucker-Vanille-Zimt-Gemisch bestreut servieren.

Peynir Tatlisi (Käsedessert)

100 g Mehl, gesiebt
75 g frischer Schafskäse, zerbröckelt
50 g Butter, in kleine Stücke geschnitten
25 g Staubzucker
1 Ei
¼ TL Natron

Sirup
250 ml Wasser
250 g Zucker
1 Spritzer Zitronensaft

4 EL Kaymak
(türkischer bzw. bulgarischer Schichtrahm)
oder Sauerrahm zum Anrichten

Mehl in eine Schüssel leeren und in der Mitte eine Mulde formen. In diese Mulde die restlichen Zutaten geben und alles zu einem weichen Teig verarbeiten. Aus dem Teig löffelweise kleine Krapferl formen und auf einem gut eingefetteten Backblech platzieren (oder den Teig mit einem Dressiersack mit gerillter Tülle auf das Blech spritzen) und dabei auf genügend Abstand achten. Im Backrohr bei 200 °C 20 Minuten goldbraun backen.
Inzwischen Wasser, Zucker und Zitronensaft bei mittlerer Hitze zu einem Sirup verkochen. Aufkochen, 2 Minuten kochen lassen und vom Feuer nehmen.
Die Käsekrapferl aus dem Ofen nehmen, mit heißem Wasser einpinseln und 2 Minuten zugedeckt stehen lassen. Dann einen Teil des kochenden Sirups darüber gießen, wieder zudecken und einziehen lassen. Danach in Etappen den restlichen Sirup darüber gießen.

Mit einer Palette die Krapferl vorsichtig auf eine Servierplatte legen, mit Kaymak oder Sauerrahm bestreichen und servieren.

Anhang

Rezeptregister | Glossar
Literatur & Quellen | Bildnachweis
Dank | Autorenbiografie

Rezeptregister

Glossar

Ablöschen	In angedünstetes oder angeröstetes Kochgut Flüssigkeit gießen
Abschäumen	Degraissieren, den Fettschaum beim Kochen von Suppen entfernen
Abschmalzen	Kochgut mit heißem Fett übergießen bzw. darin schwenken
Aufgießen	Nach dem Ablöschen mit Flüssigkeit auffüllen
Auswalken	Mit dem Nudelholz ausrollen
Beuschel	Obere Eingeweide eines geschlachteten Tieres (Herz, Lunge, Milz und Leber)
Biskotten	Löffelbiskuit
Blanchieren	Gemüse kurz in heißes Wasser legen
Bräter	Backrohrtauglicher, meist größerer Topf
Brimsen	Gesalzener Frischkäse aus Schafmilch
Bulgur	Weizenschrot – gekocht, getrocknet und gemahlen
Dampfl	Germ (Hefe) mit etwas Zucker, angesetzt im lauwarmen Wasser für eine kleine Teigmenge
Dotter	Eigelb
Eierschwammerl	Pfifferlinge
Eiklar	Eiweiß, Klar
Einbrenn	Braune Mehlschwitze
Erdäpfel	Kartoffel
Faschiertes	Durch den Fleischwolf gedrehtes Fleisch
Filet	Lungenbraten, Lendenstück
Filoteig	Ein an Blätter- bzw. Strudelteig erinnernder Teig, heißt in der griechischen Küche Filo. Er besteht nur aus Wasser, Mehl, Salz sowie evtl. noch etwas Öl.
Fisolen	Grüne Bohnen
Frühlingszwiebel	Junge, grüne Zwiebel
Germ, -teig	Hefe, -teig
Grammeln	Grieben
Haxe(n)	Stelze
Karotte	Mohrrübe
Kasserolle	Schmortopf
Köcheln	Leicht auf kleiner Flamme kochen
Krapferl	Kräppelchen; kleines, halbkugel- bis laibchenförmiges Gebackenes

Kren	Meerrettich
Kutteln	Kaldaunen, Flecke
Laibchen	Frikadelle, Bulette
Lustock	Liebstöckel
Melanzani	Auberginen
Montieren	Eine Soße durch das Einrühren von kalter Butter sämiger (dickflüssiger) machen
Paradeiser	Tomaten
Parieren	Von Knochen, Fett, Knorpeln und Sehnen befreien
Passieren	Durch ein Sieb streichen bzw. mit der Küchenmaschine cremig fein hacken
Pfefferoni	Ganz scharfe kleine Paprika
Polentagrieß, -mehl	Maisgrieß, -mehl
Reduzieren	Eindicken von Kochflüssigkeit durch längeres, leichtes Kochen
Sauerkraut	Sauerkohl
Sauerrahm	Saure Sahne
Schalotte	Kleine, wohlschmeckende Zwiebelart
Schlagrahm, -obers	Süße Sahne
Schöpsernes	Hammelfleisch
(Schweine)Schmalz	Ausgelassenes Schweinefett
(Semmel)Brösel	Paniermehl aus trockenen Semmeln bzw. Weißbrot
Soße	Sauce
Spicken	In kleine Einschnitte schieben
Stauben	Mit etwas Mehl eine sämige Konsistenz bei Soßen bzw. Suppen erzeugen
Staubzucker	Puderzucker
Sterz	Bröckelig-trockene Speise aus Mehl, Grieß oder Maisgrieß, in Wasser gekocht oder in Fett gebacken
Suppengrün	Petersilie, Sellerie (Blattwerk und Wurzeln), Liebstöckel, Lauch, Karotten
Tafelspitz	Schlussbraten aus dem Schlögel (Keule)
Tajine, Tagine	nordafrikanisches Kochgeschirr, auch danach benannte Gerichte
Vinaigrette	Feinsäuerliche Soße aus Essig, Öl und, je nach Rezept, weiteren Zutaten wie Kräutern
Wurzelwerk	Petersilie, Sellerie (Wurzeln), Porree, Karotten

Literatur und Quellen

AFM Austria: Rezepte vom Steirischen Lamm, Graz o. J.

AMA (Agrarmarkt Austria Marketing GmbH): Lamm, Wien 1996

Aris Pepita: Die ländliche Küche Spaniens, Bechtermünz Verlag, Augsburg 1996

Bailey Adrian, Ortiz Elisabeth Lambert, Radecka Helena: Die Speisekammer, Christian Verlag, München o. J.

Basan Ghillie und Jonathan: Die Orientalische Küche, Collection Rolf Heyne, München 2002

Baur Eva Gesine: Zu Gast bei Mozart, Collection Rolf Heyne, München 2005

BiseniÐ Ljiljana: Jugoslawische Spezialitäten, Verlag Wilhelm Ennstaler, Steyr 1988

Casparek-Türkkan Erika: Küchenlexikon für Feinschmecker, Wilhelm Heyne Verlag, München 1989

Deixelberger Helga: mündliche und schriftliche Mitteilungen

Dominé André, Beer Günter: Culinaria Europäische Spezialitäten, Band 2, Könemann Verlags GmbH, Köln 1995

Dorn Anna: Großes Wiener Kochbuch, Bey Tendler und von Mannstein, Wien 1827

Dunitz-Scheer Margarethe, Scheer Peter: Jenseits von Dick und Dünn, Falter Verlag, Wien 2005

Ein Koch= und Artzney=Buch, Bey denen Widtmanstetterischen Erben, Grätz 1686, Verlag für Sammler, Graz 1992

Fahrnow Maria und Jürgen-Heinrich, Sator Günther: Feng Shui und die 5-Elemente-Küche, 4. Auflage, G & U Verlag, München 2003

Fischer-Rizzi Susanne: Gold in der Küche, AT Verlag, Aarau und München [3]2003

Frank Norbert: Lammgerichte für Genießer, Matthaes Verlag, Stuttgart 2001

Fritz Wolfgang, Lutz Erich: Kochen wie in Afrika, Oberbaumverlag, Berlin 1988

Fuchsbichler Christine: mündliche Mitteilungen

Fu-Lung Ho: Aus Chinas Küchen, Hallwag Verlag, Bern 1995

Genuss Magazin, Essen Trinken Leben, III 06, Leopoldsdorf 2006

Grundkochbuch, Isis Verlag, Chur 1995

Guglmayr Therese: Neuzeitliches Haushaltungs=Lexikon, Verlagsbuchhandlung Leitner & Co., Wels 1932

Habs Rudolf, Rosner L.: Appetitlexikon, Insel Taschenbuch Verlag, Frankfurt/Main und Leipzig 1998

Hahn Mary: Der große Artusi, Die klassische Italienische Küche, Mary Hahn's Kochbuchverlag, München 1986

Haider Willi, Wagner Christoph: Die Steirische Küche, Verlag Styria, Graz 2005

Halász Zoltán: Die 100 berühmtesten ungarischen Kochrezepte, Magyar Verlag, Budapest 1991

Halici Nevin: Das Türkische Kochbuch, Weltbild Verlag, Augsburg 1993

Hasitschka Josef: Admonter Kochbuch, Benediktinerstift Admont, Admont 1998

Helmuth Haenchen: Menü. Das große moderne Kochlexikon, Band 6, Bertelsmann, Hamburg o. J.

Hlava Bohumir, Lanska Dagmar: Lexikon der Küchen-und Gewürzkräuter, Manfred Pawla Verlag, Herrsching 1977

Holder Katy, Duff Gail: Knoblauch, Hugendubel, München 1998

Imbach Josef: Was Päpsten und Prälaten schmeckte, Echter Verlag, Würzburg 1997

J. M., Grätzerisches durch Erfahrung geprüftes Kochbuch. Eingerichtet für alle Stände, Grätz 1790, Verlag für Sammler, Graz 1978

Jontes Günther: Kayserfleisch und Steierkas, Steirische Verlagsgesellschaft, Graz 1998

Kaltenbach Marianne: Gut gekocht für meine Gäste, Verlag das Beste, Stuttgart 1983
Kampf Hilmar: Das große Handbuch der guten Küche, Weltbild Verlag, Augsburg 1994
Karrer, Andrea: Bärlauch, Knoblauch, Lauch, Residenz Verlag, Salzburg 2006
Klever Ulrich: Verlockende Hackfleisch Spezialitäten, 3. Auflage, G & U, München 1990
Kochbuch aus dem Oderbruch im Lebuserland mit alten und neuen Rezepten zu Wild, Lamm, Kaninchen und Geflügel sowie wertvollen Erklärungen, Regia Verlag, o. J.
Lampe Klaus, Witzigmann Eckart, Khoo Tony, Teubner Christian: Das große Buch vom Reis, 2. Auflage, Teubner Edition, Füssen 1999
Landmann Salcia: West-östlicher Küchen-Divan, Steingruben Verlag, Stuttgart 1968
Lantschbauer Rudolf, Haider Willi: Steiermark – Wein und Küche, 4. Auflage, Vinothek Verlag, Graz 2000
Leiß Romana, Hanson Walter: Die schönsten Küchenlieder, Nymphenburger, München 1995
Likidis-Königsfeld Kristina: Küchen der Welt – Griechenland, G & U Verlag, München 1994
Lohberg Rolf: Das große Lexikon vom Bier, Scripta Verlag, Ostfildern o. J.
Löw Harald: Kochen mit Schafskäse, Weizer Schafbauern, Weiz 1998
Maier-Bruck Franz: Das große Sacher Kochbuch, Schuler Verlagsgesellschaft, Herrsching 1975
Maier-Bruck Franz: Vom Essen auf dem Lande, Verlag Kremayr & Scheriau, Wien 1988
Marianthi Milona, Stapelfeldt Werner: Culinaria Griechenland, Könemann in der Tandem Verlags GmbH, Königswinter, 2004
Marokkanische Küche, Könemann, Köln 1996
Mostar Katinka: Das große Reader's Digest Kochbuch, 4. Auflage, Verlag das Beste, Stuttgart 1970
Nantet Bernhard, u. a.: Alles Käse! Die besten Sorten der Welt, Dumont Buchverlag, Köln 1998
Neuber Wolf: Die Altösterreichische Kochkunst, Deuticke, Wien 1997
Neuber Wolf: Die k. u. k. Wiener Küche, Mary Hahn's Kochbuchverlag, München 1987
Oma's Koch und Back Bibliothek, Kalb, Lamm, Weltbild Verlag, Augsburg 1993
Osteuropäische Küche, Edition XXL, Reichelsheim 2002
Paston-Williams Sara: The Art of Dining, Past Times, Oxford 1996
Peier Franz, mündliche Mitteilungen
Pini Udo: Gourmet Handbuch, Könemann Verlag, Köln 2000
Piras Claudia, Medagliani Eugenio, Stempell Ruprecht: Culinaria Italia, Könemann Verlags GmbH, Köln, 2000
Plachutta Ewald, Wagner Christoph: Die gute Küche, Orac, Wien–München–Zürich 1993
Prato Katharina: Die Süddeutsche Küche, 7. Auflage, Aug. Hesse's Buchhandlung, Graz 1870
Quenzer Emma: Koch= und Haushaltungsbuch, 6. Auflage, Verlag Ernst Reinhardt, München 1933
Reinartz Michael: Bier & Küche, Guide Verlags Anstalt, Linz 1987
Römer Julia, Ditter Michael, Beer Günter: Culinaria Europäische Spezialitäten, Band 1, Könemann Verlags GmbH, Köln, 1995
Root Waverley: Wachtel, Trüffel, Schokolade, btb Goldmann Verlag, München 1996
Ruhm Franz: Kochbuch für alle, Ruhm Verlag, Wien o. J.
Schinharl Cornelia, Dickhaut Sebastian: Asian Basics, 4. Auflage, G & U, München 2005

Schneider Otto, Lexikon der Suppen, Marix Verlag, Wiesbaden 2005
Schottische Küche, Könemann, Köln 1996
Sillinger-Rindsfüsser Marlies, Zu Gast im Reich des Zaren, Edition q, Berlin 1991
Sitole Dorah, True Love Magazine: Afrika-Kochbuch, Kaleidoskop Buch, Christian Verlag, München 2004
Taferner Elfi: mündliche Mitteilungen
Tannahill Reay: Kulturgeschichte des Essens, Paul Neff Verlag, Wien – Berlin 1973
Troißinger Peter, Krobath Sarah, Strobach Miriam, Einetter Gregor, Zeit für Fleisch! Löwenzahn Verlag, Innsbruck 2018
Trutter Marion, Beer Günter: Culinaria España, Könemann Verlags GmbH, Köln, 1998
Vassallo Jody: Salz & Pfeffer, Christian Verlag, München 2006
Vielfalt Entdecken. Griechisch kochen, Lingen Verlag, Köln 2004
Wagner Christoph: Alles was Gott erlaubt hat, Verlag Christian Brandstätter, Wien 1994
Wallner Sandra J.; Steinberger Ingrid: Herzhaft, g'sund, und steirisch, 2. Auflage, Steirische Verlagsgesellschaft, Graz 2001
Warren Janet: A Feast of Scotland, Tressure Press for Lomond Books, London 1990
Weizer Schafbauern: Produktinformationen und Informationsblätter, o. J.
Werle Loukie, Cox Jill: Ingredienzen, Könemann Verlag, Köln 2000
Wilhelm Olaf: Wein und Essen, Hallwag Verlag, Bern 1999
Wolf Cohen Elisabeth: Jüdische Küche, Könemann, Köln 1995
Zeidler-Temm: St. Martiner Kochbuch, 29. Auflage, Leopold Stocker Verlag, Graz – Stuttgart 1990
Ziegenbein Hans, Eckel Julius, Was koche ich heute, Wehle Höfels Verlag, Wien – Leipzig 1932
Zihua Liu, Franz Uli, Die echte chinesische Küche, Weltbild Verlag, Augsburg 1992

Weitere Literatur (Gastbeitrag Sandra Chum):

Agrarmarkt Austria Marketing-GesmbH: Fit mit Fleisch – was Sie über Fleisch in der Ernährung wissen sollten, 2004
Konsument extra: Das neue Kochbuch durchs Jahr, Stiftung Warentest, Berlin 2004
Leitzmann Claus und Co: Ernährung in Prävention und Therapie, ein Lehrbuch, Hippokrates Verlag, Stuttgart 2001
Löw Harald: Kochen mit Schafkäse, Weiz 1998
Österreichische Gesellschaft für Ernährung: Fleisch und Fleischerzeugnisse – Zahlen, Daten Fakten, Fachzeitschriftenverlagsges.m.b.H., 1999
Temelie Barbara: Das Fünf Elemente Kochbuch, Joy Verlag, Sulzberg 1999
Wallner Sandra, Steinberger Ingrid: Herzhaft, g'sund und steirisch, Steirische Verlagsgesellschaft, Graz 2000
VKI Wien: Clever einkaufen – Lebensmittel, VKI, Wien 2003

Internetseiten:

www.3sat.de
www.ama.at
www.kochart.at
www.ndr.de
www.orf.at
www.swr.de
www.rund-ums-schaf.at (2020)
www.alpinetgheep.com (2020)
www.bmlrt.gv.at (2020)

Bildnachweis

Andreas Scheucher: 24ff, 118, 156, 169, 177, 189f, 201, 219
Privatarchiv Taliman Sluga: 9, 14, 254

©shutterstock.com: 5PH 10, Ahanov Michael 54, Alp Aksoy 202, AS Food studio 75, 111, by Paul 242, Cantador 58, Catherine77 165, Cesarz 210, Dani Vincek 98, Dar1930 69, Ekaterina_Molchanova 89, Elena Trukhina 65, Eric Isselee 17, 18, eriyalim 137, eskymaks 151, Everett Collection 222, Evgeny Karandaev 41, Fanfo 66, 84, Food Impressions 175, Foxys Forest Manufacture 30, 104, from my point of view 62, Gayane 207, Grezova Olga 107, highviews 92, hlphoto 115, 220, jorisvo 227, Karl Allgaeuer 102, Kryvenok Anastasiia 78, Larry-Rains 42, 51, 72, 76, 96, 122, 142, 39, 46, 116, 134, 140, 159, 162, 180, 184, 194, 204, 212, 234, lovelypeace 232, Lumixera 57, Maksim Toome 146, Mehmet Cetin 241, Miguel Guasch Fuxa 35, Nadir Keklik 166, Natalia Lisovskaya 2, 29, nelea33 101, Nina Alizada 70, NinaM 95, peterzsuzsa 32, Plateresca 36, predragilievski 45, 53, 61, 87, 91, 113, 121, 125, 126, 130, 139, 145, 148, 153, 160, 171, 183, 187, 193, 197, 198, 209, 215, 216, 238, 48, 237, 248, Shebeko 172, SosnaRadosna 155, stockcreations 132, 178, Thasneem 108, VICUSCHKA 129, Volker Rauch 12, Yulia Davidovich 231.

Ohne Wertung und Reihenfolge geht mein Dank an:

Meine Frau Christine,
Ing. Karl Deixelberger, ehemaliger Geschäftsführer der Weizer Schafbauern,
Foodfotograf Andreas Scheucher,
Familie Huber, ehemals Wirtsleute des Landhauskellers in Graz,
Sandra Chum, Ernährungstrainerin,
Willi Haider, steirischer Haubenkoch der ersten Stunde,
Peter Troißinger jun.,
Restaurant Malerwinkl in Hatzendorf,
Franz Peier, Kochschule koch-art
sowie an alle beteiligten Mitarbeiter*innen des Verlags Anton Pustet.

Taliman Sluga

Der Kultur- und Kulinarikvermittler Taliman E. Sluga ist im Museums- und Ausstellungswesen tätig und veranschaulicht mit dem zentralen Thema „Essen und Trinken“ historische Epochen und regionale Gegebenheiten. Seit 2005 ist Sluga auch Kochbuchautor. Der Österreicher ist Initiator der seit 2011 jährlich stattfindenden Kochbuchmesse Graz und des Österreichischen Kochbuchpreises *Prix Prato*. Ebenfalls von ihm im Verlag Anton Pustet erschienen: *Europäisches Weihnachtskochbuch: Rezepte · Bräuche · Spezialitäten/Christmas in Europe: Recipes · Customs · Specialities* sowie *Das österreichische Fisch-Kochbuch, Das österreichische Bier-Kochbuch* und *Das österreichische Käferbohnen-Kochbuch*